Mit dem Wein auf du und du

Bernhard Weisensee

Mit dem Wein auf du und du

Weinbeurteilung
Weinansprache – Weinsprache
Fachausdrücke

Mit 12 Holzschnitten von Richard Rother

echter

Der Weinbruderschaft Franken e.V. gewidmet

CIP-Kurztitelaufnahme der Deutschen Bibliothek

Weisensee, Bernhard:
Mit dem Wein auf du und du : Weinbeurteilung, Weinansprache – Weinsprache, Fachausdrücke / Bernhard Weisensee. Mit 12 Holzschn. von Richard Rother. – Würzburg : Echter, 1984.

ISBN 3-429-00914-6

Gesamtherstellung Echter Würzburg Fränkische Gesellschaftsdruckerei und Verlag GmbH Würzburg
Printed in Germany
ISBN: 3-429-00914-6

Vorwort

Seit dem Jahre 1950 sammle ich die bei der Verkostung von Wein gebräuchlichen verbalen Begriffe. Dabei konnte festgestellt werden, daß viele Beschreibungen kommen und gehen. Neue Wortschöpfungen werden kreiert, andere verlieren sich. Auch gibt es innerhalb des deutschen Sprachraums sehr unterschiedliche Fachausdrücke. Nicht selten werden Ausdrücke – meist sind es ja Eigenschaftswörter – unrichtig oder mißverständlich verwendet. Oft werden Synonyme (sinnverwandte Wortbildungen) nebeneinander gestellt.

Die einzelnen Beschreibungen wurden in dieser Veröffentlichung nicht nur näher interpretiert, sie sind auch noch einmal nach »positiv«, »negativ« usw. geordnet. Mit dieser Eingruppierung soll vermieden werden, daß bestimmte Begriffe unrichtige Verwendung finden; denn die Weinansprache ist leider eine Fachsprache mit nicht immer eindeutigen Fachausdrücken (Nomenklatur).

Sollten manche Weinfreunde beim Studium der Negativ-Beschreibungen einen Schreck bekommen, so bitte ich dies nicht den im Verkehr befindlichen Weinen anzulasten; denn diese Erscheinungsbilder kommen meist selten vor und zudem hauptsächlich im Stadium des »Ausbaus«, wo der Kellermeister noch vermittelnd und heilend eingreifen kann.

Die sonstigen Kapitel, wie die Begriffe mit dichterischem Stimmungsgehalt, die Gedanken zum Genuß des Weines und zur Gestaltung von Weinproben mögen zur Abrundung des Ganzen beitragen.

Herrn Prof. Gerhard Troost, Geisenheim, darf ich stellvertretend für alle Mitarbeiter herzlich Dank sagen für Korrektur und Anregungen sowie der Genehmigung der Mitverwendung seiner Veröffentlichungen auf diesem Gebiete.

Bernhard Weisensee

Weinbeurteilung – Weinansprache – Weinsprache – Fachausdrücke

Zur Sicherung und Gewährleistung der Qualität und der Überprüfung gesetzlich festgelegter Kriterien sind seit dem Weinjahrgang 1971 sensorische Prüfungen beim Wein für alle Qualitätsweine und Qualitätsweine mit Prädikat vorgeschrieben.

Wie schwer es ist, den Wein mit Worten gerecht und reproduzierbar von möglichst zahlreichen qualifizierten Prüfern zu beschreiben, erhellt die Tatsache, daß man ab 1. Januar 1984 das 20-Punkte-Schema mit seinen beschreibenden Ausdrücken durch ein 5-Punkte-Schema mit den Noten »nicht zufriedenstellend« bis »hervorragend« abgelöst hat (vgl. Seite 78).

Weinchemie und Sensorik stehen im amtlichen Prüfverfahren gleichrangig nebeneinander und unterstützen bzw. ergänzen sich oft.

Die Welt der Sinnes-Wahrnehmungen kann bei guter Veranlagung weiterentwickelt und bereichert werden, um immer höhere Sensibilität zu erlangen und auch zu beherrschen. Der Sachverständige muß die Möglichkeit haben, nicht nur sich selbst zu überprüfen, sondern auch sein sensorisches Gedächtnis immer wieder aufzufrischen.

So wichtig auch die chemische Analyse (und sonstige wissenschaftliche Untersuchungsmethoden) bei der Beurteilung und Kontrolle der Weine ist, die Sinnesprobe ist doch immer noch *das* Hilfsmittel des Praktikers, Weinsachverständigen und Weinfreundes, mit dem jeder dem Wesen, der Eigenart und dem Wert oder Unwert der in Güte und Charakter so sehr verschiedenartigen Weine beikommen kann.

»Es hat mit der Kunst der Weinprobe wenig zu tun, wenn man mit einem Schwulst von Worten auszudrücken versucht, was man doch nicht empfindet. Könner kommen oft mit wenigen Worten aus, mit denen sie dann aber treffend den Geschmackseindruck wiedergeben, den sie empfinden« (Troost).

Es darf nicht bestritten werden, daß ein wesentlicher Bestandteil für die Beurteilung von Wein die objektive, d. h. meßbare Erkennung von Qualitätsmerkmalen ist. Doch sind viele Untersuchungsmethoden noch zu teuer und zu zeitraubend. Sie können folglich bei der täglichen Qualitätsprüfung im Zusammenhang mit dem »Ausbau« des Weines, bei der Qualitätsbeurteilung für die Preisliste und beim Einkauf nur beschränkt herangezogen werden. Nicht von ungefähr hat der Gesetzgeber selbst bei der amtlichen Qualitätsweinprüfung zehn Analysewerte für praxisgerecht erachtet und der sensorischen

Prüfung – insbesondere hinsichtlich Farbe, Klarheit, Geruch, Geschmack und Harmonie im Zusammenhang mit Sortenart, Herkunftstyp und Qualitätsstufenmerkmalen – einen breiten Raum gegeben.
Die in der folgenden Aufzählung wiedergegebenen Fachausdrücke über die Sinneswahrnehmungen können nicht den Anspruch auf eine exakte Nomenklatur erheben, doch soll mit ihrer Hilfe leichter ein wörtliches positives oder negatives Urteil gefällt werden können.
Für den Fachmann ist zusätzlich neben der richtigen Weinansprache noch von wesentlicher Bedeutung zu wissen, ob es sich bei negativer, also unbefriedigender Geschmacksempfindung um eine Krankheit, einen Fehler oder einen Mangel handelt.
Der Weinfreund wird jedoch beim Genuß in der Regel davon ausgehen, ob ihm der Wein schmeckt oder nicht. Jedoch wird da und dort dieses Nachschlagewerk auch für ihn hilfreich sein. So habe ich den Wunsch, daß die nachfolgenden Ausführungen das Weinverständnis und die gezielte Weinansprache erleichtern möge.
Die besonderen Empfindungen, die man beim Weine hat, sind schon oft beschrieben worden. Aber in jedem Falle sagt ein persönlicher Schluck mehr als tausend Worte.
Bei Erwin Heim, Weinsberg, finden sich folgende Gedanken zur Weinprobe:

»Schauen, prüfen, blinzeln, riechen.
Duft soll in die Nase kriechen.
Dann im Mund in allen Ecken
Kauen, beißen, schmatzen, schmecken.
(Prüfend kurz den Nachbarn streifen.)
Nun bedächtig und gediegen
hin und her den Schädel wiegen.
(Hm und Äh ganz kurz gesagt,
sind als Kritik schon gewagt!)
Schließlich ist man ja nicht dumm,
schaut sich rings im Kreise um,
stimmt ins Lob der anderen ein,
will ja schließlich Kenner sein.«

Ado Kraemer hat zu diesem Spezialgebiet des Weines eine treffende Definition gegeben, wiewohl er die Begriffe »Weinansprache« und »Weinsprache« in dichterischer Freiheit gleichstellt. »Die Weinsprache ist die *scheußlichste* Sprache der Welt, denn sie überfordert jedes Sprachgefühl. Sie steht in der Mitte zwischen unreifem Liebesgeflüster und kathederhafter Angabe.

Die Weinsprache ist die *notwendigste* Sprache der Welt, denn sie gilt dem Schönsten, was der Reichtum dieser Erde hervorbringt.
Sie stellt klare und knappe Begriffe an die Stelle nur individuell zu findender Werte, besonders bei weisen Männern im Weinfach, bei Weinfreunden und Kennern, die sich einig sind in Blick und Wort.
Die Weinsprache ist die *schönste* Sprache der Welt. Sie kann nur beim Weine gelernt und nur beim Weine gesprochen werden. Oh, herrliche Weinsprache!«

Fachausdrücke bei der Weinprobe

1. Das *Auge* unterscheidet nach der *Farbe* bei Weißwein: sortentypisch, blaß, grünlich, grünlichgelb, gelblich-grün, hellfarbig, gelb, goldgelb, bernsteinfarben, hochfarbig, braun;

   bei Rotwein: sortentypisch, blaß, hellrot, tiefrot, dunkelrot, rubinrot, granatrot, feurigrot, ziegelrot, gedeckt, braun, braunrot, mit Schwarzglanz;

   bei Roséwein und Weißherbst: typisch, rötlich, rosé, rosa, rötlichgelb, zwiebelschalenfarben;

   bezüglich der *Klarheit:* blank, blitzblank, hell, glanzhell, sauber, flacker;

   bezüglich der *Trübung:* staubig, Schleier, opalisierend, blind, trübwolkig, hefig, körnig, flockig, milchig, getrübt;

   bezüglich des *Flüssigkeitsgrades:* normal, dünnflüssig, dickflüssig, ölig, zähe, lang, lind, schleimig (fränkisch auch: strümpfig).

2. Die *Nase* für sich unterscheidet:

   bezüglich der *Art:* typisch, Bouquet, Artbouquet, Sortenbouquet, Lagen- und Lagerbouquet, Reifebouquet, blumig, duftig, jung, flüchtig, fruchtig, würzig, gärig, Gär, alt, edelfirn, firn, oxidiert, rein, sauber, fremd, unsauber, böcksert, stinkt, stechend, widerlich.

3. *Geruch* und *Geschmack* unterscheidet:

bezüglich der *Art:*
keine Art, Sorten-, Jahrgangs-, Qualitäts-, Bodenart usw., Eigenart, artig, typisch, zart, elegant, fein, lieblich, gefällig, süffig, glatt, rund, wuchtig, markig, fruchtig, saftig, groß, kernig, feurig, rassig, mild;

bezüglich der *Süße:*
trocken, halbtrocken, mild, lieblich, süßlich, süß, honigsüß, pappig-süß, süß-sauer, edelsüß;

bezüglich der *Säure:*
weich, mild, zart, fad, laff, rassig, stahlig, pikant, hart, harter Knochen, spitz, sauer, aggressiv;

bezüglich der *Kohlensäure:*
matt, schal, frisch, spritzig, prickelnd, scharf, (moussiert, perlt);

bezüglich des Gerbstoffes:
mild, herb, rauh, adstringierend, gerbend, trocken, stumpf;

bezüglich des *Körpers:*
plump, schwer, wuchtig, mastig, dick, mächtig, schmalzig, fett, ölig, saftig, leicht, zart, dünn, arm, leer, flach, kurz, klein;

bezüglich des *Alkohols:*
brandig, schnapsig, feurig, warm, kräftig, leicht, arm, unselbständig;

bezüglich des *Alters:*
gärig, frisch, jung, unfertig, ausgebaut, reif, gelagert, edelfirn, firn, alt, trocken, stumpf, leer, schal, fertig, tot;

bezüglich der *Reife* (Jahrgang):
»grün«, unreif, reif, gelagert, edelreif.

Die Fachausdrücke und ihre Bedeutung

Hinweis:
Um möglichst schnelle Übersicht und Information zu gewährleisten, wurden die Erklärungen zu den einzelnen Begriffen sehr kurz gehalten (Telegrammstil). Zur Vertiefung des Wissens wird die einschlägige Fachliteratur (Troost, Klenk, Vogt, Jakob, Uhr u. a.) empfohlen.

Bedeutung der Vorzeichen (Symbole):

+ = positiver Begriff

– = negativer Begriff

O = technischer oder bezeichnungsrechtlicher Begriff

O *Abendmahlwein*	Wein für religiöse Zwecke.
+ *Abgang*	der Wein wirkt besonders nachhaltig auf Zunge und Gaumen. (Auch als »Schwanz« bezeichnet.)
+– *Abgebaut*	die Säure ist vermindert worden und der Wein harmonischer. Begriff kann aber auch für »alt« stehen, dann ist abgebaut ein negativer Begriff.
– *Abgefallen*	Wein gibt auf der Zunge nichts her, bleibt nicht haften, ist kurz (vgl. auch abgebaut).
– *Abgelebt*	vgl. alt, tot; ähnlich müde.
+ *Abgerundet*	ein harmonischer Wein, der durch Extrakt oder »dienende« Süße fein »abgeschmelzt« ist.
– *Abgestanden*	ist ein meist zu lange mit Luft in Berührung gekommener Wein.
O *Abgestoppt*	ist ein in der Gärung unterbrochener »süßer« Wein.
– *Abgesetzt* – *Absetzen*	Hefe, Trübungskolloide, Farbstoffe oder Kristalle setzen sich ab, wenn sie unlöslich geworden sind. Sie schlagen sich in der Flasche nieder.
– *Acetaldehyd*	typischer Geruch und Geschmack bei nicht stabilen Weinen; tritt besonders bei Nachgärung auf.
– *Acetongeruch*	vgl. esterig.

+ *Adelig*	vornehmer, hochfeiner, farblich, geruchlich und geschmacklich untadeliger Gesamteindruck.
– *Adstringierend*	= den Mund zusammenziehend; wird oft bei jungen Rotweinen und zu stark ausgepreßten Weinen (Gerbstoff) beobachtet.
O *Alkohol*	schmeckt bei 13–14 Vol.-Prozent und trockenen Weinen je nach Extrakt und Süße heraus. Diese Weine bezeichnet man auch als *warm, feurig, brandig, schnapsig, spritig.*
– *Alkoholisch*	ist ein Wein, dessen übrige Bestandteile nicht im idealen Verhältnis zueinander liegen (vgl. brandig).
– *Alt*	firn, fertig; der Wein hat seine jugendliche Frische verloren, hat keine Kohlensäure mehr.
– *Altel*	österreichischer Begriff für Altersfirne vom Wein.
– *Altersfirne*	vgl. Firne.
– *Angebrannte Milch*	an angebrannte Milch erinnernd schmecken manchmal die Weine aus bestimmten Herkünften.
+ *Angenehm*	ist ein unauffälliger, aber harmonischer Tafel- oder Qualitätswein.
O *Angereichert*	früher als »verbessert« bekannt; der Wein wurde zur Erhöhung des Alkohols vor der Gärung mit Zucker versetzt (chaptalisiert).
+ *Anregend*	wie ansprechend oder frisch, reizt zum Trinken an; meist jüngere Weine mit etwas Kohlensäuregehalt, vgl. auch frisch.
+ *Ansprechend*	Tafel- oder Qualitätsweine, die zum »Schöppeln« anregen.
O *Apéritiv*	heute werden auch nicht zu süße deutsche Edelweine dafür verwendet. (Soll ein großes Essen festlich einleiten und appetitanregend sein).
– *Apothekengeschmack*	kann negativ sein, meist undefinierbarer Chemikaliengeschmack. Bei großen Weinen vorübergehender oder auch bleibender Geschmack nach Jodoform usw. Vgl. Terpentin oder Botrytis.

– *Arm*	ist ein kleiner, dünner, unselbständiger Wein.
+ *Aroma*	stark hervortretendes Gärungs- und Traubenbukett bestimmter Sorten.
– *Aromaböckser*	auch als »Sämlingston« oder »reicher Duft« bezeichnet. Tritt seit 1975 verstärkt auf. Die Ursache der Aromaveränderung ist noch nicht gänzlich geklärt.
+ *Aromatisch*	der Wein zeigt ein ausgeprägtes Hervortreten des Aromas, z. B. Gewürztraminer.
+ *Art (Sortenart Bodenart Gebietsart Jahrgangsart)*	der Wein hat eine bestimmte Art, oder keine Art; z. B. eine feine Art, wenn die einzelnen Weinbestandteile gut aufeinander abgestimmt sind und fein abgetönt, aber nicht aufdringlich hervortreten; besondere Art = oft Bodengeschmack (z. B. Kallmuth, Stein, Lump, Frickenhausen, Nordheim, Iphofen, Bullenheim, Großostheim, Obermain, Freigericht, Steigerwald, Sandboden, Keuper, Löß, Muschelkalk, Buntsandstein, Glimmerschiefer, Lettenkeuper, Seewein vom Bodensee).
O *Art*	ist auch ein Begriff im Weinrecht (Rebsortenart).
+ *Artig*	die Geschmackskomponenten entsprechen der Bezeichnung des Weines (auch oft für ansprechende Qualitätsweine verwendet).
– *Asbestgeschmack*	besser »Zellulosegeschmack«, da Asbest nicht »schmeckt«; kommt im Wein vor, wenn Filterschichten nicht genügend gewässert wurden.
– *Aufdringlich*	ist ein Wein mit sehr lautem (starkem) Bukett (parfümiert).
O *Ausbau*	hierunter versteht man alle Ausbaumaßnahmen der Kellerwirtschaft bis zur Flaschenfüllung.
O *Ausbruch*	sind naturreine Weine edelster Art, welche auf Auslesetischen durch Ausbrechen von Trockenbeeren (Rosinenbeeren) hergestellt wurden; vgl. Essenz, Trockenbeerenauslese (Tokayer-Ausbrüche).

+ *Ausdruck*	viel oder wenig Ausdruck in Aussehen, Geruch und Geschmack.
+ *Ausdruckvoll*	sehr deutliche und angenehme Geruchs- und Geschmackskomponenten.
– *Ausdruckslos*	können zu kalt servierte Weine sein, aber auch zu »kleine« Weine.
+ *Ausdruckstark*	für sehr typische, exzellente Weine.
+ *Ausgebaut*	fertiger, flaschenreifer Wein (gut entwickelt, ausgereift), füllfertig.
+ *Ausgeformt*	ein gut ausgebauter typischer Wein mit Harmonie.
+ *Ausgeglichen*	vgl. harmonisch.
+ *Ausgereift*	ein ausgebauter, füllfertiger Wein, oder auch schon in der Flasche gut gereifter Wein.
– *Ausgezogen*	durch unsachgemäße Behandlung stark strapazierter, mißhandelter »leerer« Wein.
O *Auslese*	Wein, der ausschließlich aus sorgfältig ausgelesenen Trauben unter Aussonderung aller nicht vollreifen, beschädigten oder kranken Beeren gewonnen wurde (vgl. Beerenauslese, Trockenbeerenauslese). Die Bezeichnung darf nach Erfüllen aller gesetzlichen Bestimmungen erst verwendet werden, wenn das Prädikat zugeteilt wurde.
– *Bakteriell negativ verändert*	Solche Weine haben oft einen mehr oder weniger schmeckbaren Gehalt an flüchtigen Säuren, Milchsäure usw.
O *Bauernhell*	ein Jungwein, der noch nicht filtriert, aber schon nicht mehr hefig ist.
O *Bauernwein*	abschätziger Begriff für einen wenig gepflegten Wein. Aber auch manchmal für besonders deftige, rustikale Weine mit natürlicher Ursprünglichkeit.
O *Beerenauslese*	Auslese, die nur aus ausgelesenen und bald nach der Aberntung für sich gekelterten überreifen und edelfaulen Beeren gewonnen wurde (vgl. Auslese).

O *Beerwein Beerliwein*	in Baden und der Schweiz übliche Bezeichnung für Wein aus abgebeerten Trauben. Hat nichts mit Auslese zu tun.
+ *Bestechend*	besonders deutliche Geruchs- und Geschmackskomponenten (auch intensive Farbe).
O *Bewertungsmerkmale*	Nach § 12 Weingesetz muß ein Prädikatswein die für das jeweilige Prädikat typischen Bewertungsmerkmale aufweisen.
– *Biologisch negativ verändert*	Jede mikrobiologische Tätigkeit des Weines kann diesen auf der Flasche nachteilig verändern. Kann auch während des Ausbaus eintreten.
– *Bissig*	besonders unangenehm hervortretende Säure.
– *Bitter*	bei Rotwein manchmal nicht unangenehmer Geschmack nach Mandeln; oft der Geschmack, den Weine durch Überschuß an Gerbstoff erhalten, dann = herb; manchmal durch Bakterien erzeugte Bitterkeit. Bei Weißwein Fehler.
+ – *Bittermandel*	bei guten Rotweinen geschätzt als Eigenart. Bei Weißweinen zuweilen Behandlungsfehler (vgl. Blausäure).
O *Bitzler*	Most, der infolge einsetzender Gärung bereits Kohlensäure enthält und auf der Zunge »bitzelt«. Nächstes Stadium Sauser, Federweißer.
+ – *Bitzelnd*	bei abgefülltem Wein negativ.
O *Blank*	bezeichnet man einen klaren, glanzhellen Wein ohne sichtbare Trubstoffe.
– *Blaß*	kleine, dünne und arme Weine von heller, blaßgrünlicher oder schwach gelblicher Farbe; bei Rotweinen dünne Weine ohne genügend Farbstoffe (auch oft für nichtssagende, ausdruckslose Weine verwendet).
– *Blausäure*	kann bei unrichtiger Blauschönung in den Wein gelangen (vgl. Bittermandel).
– *Bläulich*	ganz feine Trübung, meist Eisenphosphat, auch Eiweiß, die Bakterien des biologischen Säureabbaus (Bact. gracile) usw. (vgl. opalisierend).

– *Blind*	leicht getrübter Wein ohne »Glanz« (vgl. Schleier).
+ *Blitzblank*	wie kristallklar.
+ *Blume* + *Blumig*	Duft gewisser flüchtiger Weinbestandteile; je nach Rebsorte und Alter verschieden (meist an bestimmte Blumen [Nelken, Rosen usw.] erinnernd). Es gibt edle, feine Blume und aufdringliche Blume (vgl. Bukett).
– *Böckser*	Geruch und Geschmack nach faulen Eiern o. ä.; bedingt durch Anwesenheit von Schwefelwasserstoff und sonstigen schwefelhaltigen Verbindungen. Es gibt Schwefelböckser, Hefeböckser, Mistböckser, Aromaböckser usw.
+ *Bodengeschmack*	eigentümlicher Geschmack, der offensichtlich von der Bodenart, aber auch vom Kleinklima geprägt wird. Für bestimmte Gemarkungen typisch; kann ganz verschiedenartig sein (vgl. Art).
– *Borstig*	ist ein ungeschliffener Wein (vgl. rauh).
+ *Botrytiston*	charakteristisches Bukett von Weinen aus botrytisbefallenen Trauben (Edelfäule), aber auch Rohfäule (1960, 1968).
– *Brandig*	Alkohol schmeckt heraus, ist nicht genügend gedeckt; besonders bei kleinen, überzuckerten, zu hoch gezuckerten oder trockenen Weinen schmeckbar.
– *Bruch* – *Brauner Bruch* – *Grauer Bruch* – *Schwarzer Bruch*	sind fehlerhafte Veränderungen des Weines, die durch Oxidation oder Metalle verursacht werden.
O *Brauser*	vgl. Sauser, Bremser, Federweißer.
– + *Breit*	der Wein liegt breit auf der Zunge, es sind keine Feinheiten wahrnehmbar. Neutraler Wein ohne Finesse. Meist bei Überentsäuerung. Große Silvaner können allerdings auch breit sein, dann typisch (Ruländer).

○ *Bremser* fränkischer Ausdruck für gärenden Traubenmost (vgl. Sauser).

+ *Brombeer* Geruch nach Himbeer oder Brombeer. Ist bei manchen Rotweinen der Sorte Spätburgunder typisch.

– *Brotgeschmack* an den Geruch von frischgebackenem Brot erinnernd (bei Jungwein ein Ausbaufehler). Sherry hat z. B. typischen Brotgeschmack. Bei alternden Weinen tritt er oft in unangenehmer Form auf (vgl. Firne).

– *Brotig* Hinweis auf einen unterschwefelten, oxidativen Wein.

– *Bruch* Umschlagen des Weines, Trübung (schwarzer [Eisen], weißer [Eiweiß] und brauner Bruch [Oxidation, Gerbstoffe]).

○ *Brut* ein französischer Begriff für »strengherb« bei Schaumwein (wenig Restzucker).

+ *Bouquet* wie Blume; nur besonders reich. Es gibt Trauben-, Gär- und Lagerbouquets, Firnbouquets und Edelfäulebouquets, Muskateller-, Rieslingbouquets usw., auch Sherrybouquet bei oxidierten Weinen (Acetaldehyd). Primärbouquet, Sekundärbouquet.

– *Bukettiert* untypisches, parfümiertes Bouquet, erregt den Verdacht der Manipulation.

+ *Bouquetreich* werden im allgemeinen »Bouquetweine« genannt; Blume ist je nach der Traubensorte stark hervortretend und nach Abfüllung auf die Flasche sich günstig entwickelnd.

○ *Bouquetweine* sind solche mit auffälligem Aroma (Gewürztraminer, Siegerrebe, Morio Muskat usw.).

– *Buttersäure* siehe schweißig = Fehler, oft bei bakterienkranken Weinen anzutreffen. Nicht selten Hinweis auf schlampige Kellerwirtschaft.

– *Butzen* Begriff für einen fehlerhaften, an sich zersetzendes Fruchtfleisch erinnernden Geschmack.

O *Cabinetweine*	(= Kabinettweine) waren Originalweine ab bestimmter Güte- und Preisklasse, die in besonderen Kellerabteilungen (Cabinet-Keller) verwahrt wurden (ab WeinG 1971 Prädikatsbegriff).
O *Chambriert*	ein Rotwein soll auf Zimmertemperatur eingestellt sein.
+ *Charakter* + *Charakter-voll*	besonders ausgeprägtes Wesen (Gepräge und Sinneseindrücke); findet nur für besonders typische Weine Anwendung.
O *Cuvée*	ist ein Ausdruck für den Verschnittwein bei der Versektung (zum Zwecke der Typisierung).
O *Damenwein*	lieblicher, süffiger, immer eleganter Wein, meist mit einem Zuckerrest. Gegensatz: kräftiger, kerniger, u. U. charakteristischer »Wein für Herren«. Oft werden jedoch »Damenweine« gerne von Herren und »Herrenweine« von Damen bevorzugt.
+ *Deftig*	in Geruch und Geschmack können Silvanerweine vom Lettenkeuper sein.
O *Dekantieren*	ein in Frankreich beim Rotwein noch häufig geübter Vorgang; der Wein wird vom Bodensatz abgezogen bzw. abgegossen; vom Depot durch Umfüllen in eine andere Flasche (Karaffe) befreit.
+ *Delikat*	Fruchtsäure und Aroma sind besonders angenehm.
O *Demi-sec*	bedeutet beim Schaumwein soviel wie halbtrokken (33 bis 50 Gramm Restzucker im Liter).
O– *Depot*	häufig bei altem Rotwein – Ablagerungen aus dem fertigen Wein (meist Farbstoff und Weinstein). Wird bei Kennern voll toleriert.
O *Dessertweine*	sind in der Regel durch Zusatz von Alkohol hergestellte Weine ausländischer Herkunft. Südwein.
O *Dezent*	steht für ein abgetöntes, also gedämpftes Bukett oder auch für abgerundete Säure.

○ *Diabetikerwein*	ist ein trockener Wein, der aufgrund seiner Zusammensetzung auch *für Diabetiker geeignet* ist (besondere gesetzliche Regelung beachten!).
+ *Dick*	= voll. Der Wein ist sehr extrakt- und körperreich. Dickflüssig siehe unter »Zähe«. Dick ist auch ein Wein mit zuviel unvergorenem Zucker.
– *Disharmonisch*	vgl. unharmonisch.
○ *Doux*	französische Bezeichnung für »süß« bei Schaumwein.
– *Drückt*	vgl. treibt (Entwicklung von Kohlensäure); Begriff findet bei der Probe keine Anwendung. Faßweine, welche drücken, schmecken meist spritzig bis scharf.
○ *Dry*	ist ein aus dem Englischen übernommener Ausdruck für »trocken« (findet für Schaumweine, Spirituosen und Dessertweine Anwendung).
– *Dünn* – *Dünnlich*	körperarmer Wein von geringem Alkohol- und Extraktgehalt; oft wenig Säure (vgl. leer). Dünnling. Karg.
+ *Duft* + *Duftig* + *Duftreich*	Bemerkbare Duftstoffe, schöne, zarte Blume. Auch nicht zu schwere, elegante Weine mit schönem Bukett.
– *Dumpf*	vgl. Schimmelgeschmack, muffig.
– *Durcheinander*	der Wein probiert sich nicht; ist gestört, z. B. nach dem Versand, nach Abstichen, Filtration usw.
○ *Durchgegoren*	sind Weine, die keinen vergärbaren Zucker mehr aufweisen. (Vergoren = Gärung ist beendet.)
– *Durchsoffen*	bezeichnet man einen ursprünglich hochwertigen Wein, der durch zu häufiges Probieren und Auffüllen mit geringwertigerem Wein nicht mehr seine ursprüngliche Art aufweist.
+ *Echt*	Bezeichnung, die nach dem 1930er WeinG auf Reinheit des Weines deutete; wird heute oft im Sinne von »typisch« verwendet.

– *Eckig* unharmonischer Wein (Jungwein), bei dem einzelne Stoffe geschmacklich einseitig hervortreten; Gegenteil von rund.

\+ *Edel* Bezeichnung für hochwertige Weine; allein oder in Wortverbindung gebraucht, z. B. edel-süß, edel-reif, edel-herb (bei Rotwein), Edel-Böckser (bei sehr großen Weinen), edelbeerig usw.

\+ *Edelfäule* vollreife oder überreife Beeren werden bei entsprechender Witterung durch den Pilz (Botrytis cinerea) in edelfaule Beeren verwandelt. Endprodukt ist Trockenbeere.

\+ *Edelfirne* letztes positives Entwicklungsstadium großer Weine, bei dem selbst das Altern nicht gleich zum Qualitätsverlust führt, sondern eine geschmacklich interessante Altersreife entsteht. Wird leider heute zu wenig geschätzt.

O *Edelgewächs*
O *Edelwein* vgl. Hochgewächs. Früher auch Bezeichnung für besondere Reinheit der Weine.

\+ *Edelsüße* stark hervortretende große Natursüße feiner vornehmer Weine.

\+ *Edelreife* haben Weine aus besonders guten Lagen und edlen Sorten in ausgezeichneten Jahrgängen nach entsprechendem Faß- bzw. Flaschenlager.

\+ *Ehrlich* ähnlich gediegen. Weine, an denen kein Falsch ist und die nach den Regeln der klassischen Kellerwirtschaft behandelt wurden; oft wie altertümlich. Gebräuchlich im Gegensatz zu Weinen, die eine deutliche Restsüße aufweisen. Begriff ist nicht unproblematisch.

O *Eigenart* drückt sich im Hervortreten besonderer, den Geschmack bestimmender Stoffe aus. Oft gebraucht, wenn man eine »Eigenart« feststellt, aber sie nicht definieren kann. (Eigentümlich).

O *Eigenbau* heute nur noch in der Winzersprache verwendeter Begriff für selbsterzeugten Wein.

O *Eigengewächs* = Erzeugerbezeichnung (ebenso wie »Eigenbau« nicht auf dem Etikett verwendbar).

O *Eiswein* — durch Gefrierenlassen der reifen Trauben natürlich angereicherte Zucker- und Saftkonzentration. Meist hochwertige Weine (gesetzliche Bestimmungen beachten). Muß mindestens das Mostgewicht einer Beerenauslese haben.

\+ *Elegant* — ein harmonischer, nicht zu schwerer Wein, mit beachtenswertem Ausdruck.

\+ *Entwickelt* — Wein nach vollendetem Faßausbau (Schulung). Positiver Begriff in der Entwicklung des Weines.

\+ *Entsprechend* — der Wein entspricht seiner Bezeichnung.

O *Erdtrauben* — vom Stock abgefallene, auf der Erde liegende rohfaule oder reife (meist stielfaule) Trauben.

O *Erdgeschmack* — vgl. Bodengeschmack.

O *Erzeugerabfüllung* — im geschäftlichen Verkehr darf diese Bezeichnung nur dann Verwendung finden, wenn der gesamte Wein – auch die Süßreserve – in eigenen oder zugepachteten Weinbergen erzeugt und im eigenen Betrieb gekeltert, ausgebaut und abgefüllt wurde (Sonderregelung bei Erzeugergemeinschaften).

O *Essenz* — in Ungarn konzentrierter Most (Tokayer Essenz), aus dem die Ausbrüche und Trockenbeerenauslesen hergestellt werden. Je nachdem, ob drei bis fünf Butten davon zu einer Faßeinheit Wein gegeben werden, spricht man von drei- bis fünfbuttigen Ausbrüchen.

– *Essigstich* — vgl. Stich.

O *Ester* — sind Verbindungen aus Alkohol und Säuren.

– *Esterig*
– *Esterton* — (Äthylacetat) kommt häufig vor in Weinen von guten Jahrgängen, kann aber auch durch eine Fehlgärung verursacht sein (Estergeschmack).

O *Extrakt*
\+ *Extraktreich*
– *Extraktarm* — Körper; Stoffe, die im Wein gelöst sind, wie Säuren, Mineralstoffe, Stickstoffverbindungen, Glyzerin, Zucker usw. Wenn diese Stoffe sehr hoch sind: extraktreich; wenn niedrig: extraktarm.

– *Fad* leer; wenig Säure, Körper und Alkohol; ausdruckslos.

O *Farbe* jede Rebsorte gibt dem aus ihr erzeugten Wein eine charakteristische Farbe. Die Weine sind auch ihrem Alter und ihrer Qualität entsprechend typisch gefärbt. Nach dem Weinrecht muß die Farbe »typisch« sein.

– *Farblos* Aussehen bei dünnen oder überschwefelten Weinen; wie blaß. Als Charaktereigenschaft = nichtssagend.

– *Faßgeschmack*
– *Faßton* wie »Holzgeschmack«, kann jedoch auch dumpfer sein. Entsteht durch Auslaugen neuen Faßholzes oder verschimmelter Fässer. Im ersten Fall Holzgeschmack, im zweiten Schimmelgeschmack.

O *Faßwein* wird der Wein genannt, der im Handel »offen« verkauft wird.

– *Faulig* starker Hefegeschmack = faulende Hefe oder von sauerfaulen Trauben.

– *Faulser* ist Traubenschimmelgeschmack.

O *Federweißer* Most, der in Gärung nachläßt, aber noch milchig und trüb ist. Die Süße ist fast restlos verschwunden. Infolge der Gärung meist warm. Vorstadium Bremser, Sauser; nachfolgendes Stadium Jungwein.

O *Fehler* sind nachteilige Veränderungen meist chemischer Natur. Sie können auch entstehen durch Aufnahme weinfremder Stoffe bei der Weinbehandlung (Behandlungsfehler).

– *Fehlerhaft* ist ein Wein, der nicht frei von Fehlern ist. Was fehlerhaft ist, bestimmt der Handelsbrauch und die Verkehrssitte.

+ *Fein* siehe Art: feine Art, fein = über dem Durchschnitt; z. B. hochfeine Art, feinfruchtig usw.

+ *Feingliedrig* ist ein zarter, aber nicht weicher Wein (z. B. Müller-Thurgau oder Portugieser).

+ *Feingörig* siehe Gör.

+ *Fenster* vgl. Schlieren bei schweren Weinen.

○– *Fertig* Bedeutung zweifach: positiv = für gut ausgebaute, entwickelte Faßweine; meist aber negativ = für abgebaute, tote Weine; vgl. stumpf.

+ *Fett* ölig, schmalzig; viel Extrakt, Glyzerin; vgl. auch saftig, opulent, üppig.

+ *Fest* ein »kräftiger« Wein, meist mit reichlicher Säure, nicht unangenehm. Steigerung: hart.

+ *Feurig* feuriger Wein; hängt mit dem Alkoholgehalt zusammen; feuriger = alkoholreicher, aber nicht brandiger Wein (z. B. Frankenwein). Der Wein hat Feuer, Leben, Kraft. Bei Rotwein häufig auch auf Farbe angewendet.

– *Filterge-schmack*
– *Filtrierge-schmack* Weine, welche frisch filtriert wurden, zeigen manchmal einen deutlichen »Papiergeschmack«; im allgemeinen oft verschwindend oder nachlassend bei längerem Lager.

+ *Finesse* liebliche, harmonische, feine Weinart. Mit »Kniff« ausgebaut.

– *Firn*
– *Firne* alter Wein, der ein eigenes Firnbukett bzw. eigenen Firngeschmack ausgebildet hat. Es gibt leichte, starke und unangenehme Firne. Es fehlt an Kohlensäure, die schönen Lagerbukette sind in Firnbukette übergegangen. Firne Weine werden heute gar nicht mehr geliebt. Fälschlich werden solche Firnweine als »gekippt« bezeichnet.

– *Flach* Wein ohne Charakter, d. h. ohne hervortretende Eigenschaften. Meist kleine Weine. Flachbrüstig.

O *Flacker* Bezeichnung kommt vom Kerzenlicht.

+ *Flackerhell* glanzklarer Wein ohne jede Trübung, wie kristallklar.

– *Flaschen-krank* ist vorübergehend jeder Wein kurz nach der Füllung (vgl. durcheinander). Der Zustand dauert bis 6 Wochen und länger.

+ *Flaschenreife* der Wein ist füllfertig (flaschenreif); aber auch für auf der Flasche gut gereiften Wein wird diese Beschreibung verwendet.

– *Fleischig* kann ein Wein schmecken – und zwar nach übergängigem Fleisch –, wenn negative biologische Vorgänge erfolgt sind.

– *Flüchtig* flüchtige Art, wenn Duftstoffe deutlich, aber nicht lang anhaltend bemerkbar sind; meist bei kleinen Weinen.

– *Flüchtige Säuren* mehr oder weniger starker Geruch und Geschmack nach Essigsäure und Nebenprodukten.

O *Forciert* man forciert zuweilen den Ausbau der Weine, um sie zu einem früheren Zeitpunkt fertig, d. h. haltbar zu haben.

+ *Fordern* — es gibt Weine, die zum Trinken fordern und solche, die sättigen. Fordern = anregen. Das sind Weine mit fruchtiger Säure und mäßig Restzukker; süße Weine dagegen sättigen.

+ *Form* — Weine können sich in einer guten, großen, auch schlechten Form bei der Probe darbieten. Meist ist damit etwas ähnliches gemeint wie mit Art. Sie ist eine Folge der Ausbaubehandlung der Weine.

– *Foxton* — dieser Begriff wurde früher für Hybridenweine verwendet (vgl. Fuchsgeschmack).

– *Fremd*
– *Fremdartig* — mit *fremd* bezeichnet man einen Geruch und Geschmack, den man nicht genau definieren kann, meist aber störend empfindet, weil er der gewohnten Art der Weine nicht entspricht; vgl. Eigenart.

– *Fremdartig in Geruch und Geschmack* — eine häufige Ablehnungsbegründung bei sensorischen Prüfungen. (Fehler).

+ – *Frisch* — wirken junge Weine mit schmeckbarer Kohlensäure, die auf den Gaumen belebend wirkt. Mehr Kohlensäure bezeichnet man als *spritzig*.

– *Frostgeschmack*
– *Frostton* — wird durch Gefrieren unreifer Trauben ausgelöst; unbehandelte Weine zeigen dann wenig Sortenbukett und haben nicht selten einen sogenannten »Rotstich«; die Farbe des Weißweines hat einen leicht rötlichen Schiller (fuchsig). Der Wein riecht oft wie ein Birnensaft.

+ *Frucht*
+ *Fruchtig* — guter Wein, bei dem die Traubensorte herausschmeckt. Geschmack nach Pfirsich usw. (vgl. Gör).

– *Fuchsgeschmack* — auch Foxgeschmack genannt, ist der eigentümliche Geruch und Geschmack mancher Hybridenweine. Auch unreife Weine mancher Edelsorten können »fuchsig« schmecken (auch Wanzengeschmack); z. B. Bacchus, Albalonga.

– *Fuchsig* — vgl. Fuchsgeschmack, bezüglich Farbe = den Frostweinen eigene hellbraune bis leicht rötliche Tönung.

○ *Fuméton*	elegante Umschreibung des Rauchtons bestimmter Weine aus bestimmten Lagen.
+ *Funkelnd*	schwärmerischer Ausdruck für guten Glanz des Weines.
+ *Fülle* + *Füllig*	harmonisch hervortretende Reife bei Edelweinen, viel »Körper«.
– *Füllkrank*	als *füllkrank* bezeichnet man Weine, die kurz nach der Flaschenfüllung nicht ihre ursprünglichen Geruchs- und Geschmacksstoffe voll zur Entfaltung bringen. Diese negative Erscheinung ändert sich meist nach 4–6 Wochen (auch als flaschenkrank bezeichnet).
+ – *Gärbukett* – *Gärig*	unvergorener oder jugendlicher Wein mit viel Kohlensäure und unvergorenem Zucker, sowie Gärbukett = Gärton. Wein gärt oder ist noch in Gärung. Nachgärung auf der Flasche (vgl. gekippt).
– *Gebietsfremd*	der Wein hat nicht die für seine Herkunft typische Art. Laut WeinG muß der Wein für die angegebene Herkunft typisch sein.
– *Gebrochen*	eine negative Veränderung der Farbe und der Klarheit (vgl. Bruch).
○ *Gedeckt*	ist ein Rotwein, der mit ausländischem Rotwein verschnitten wurde, um die Farbe zu erhöhen.
+ *Gefällig*	Wein, der angenehm im Geruch und/oder Geschmack ist; meist mittlere oder kleinere Weine.
+ *Gehalt* + *Gehaltvoll*	viel oder wenig Gehalt (Alkohol, Extrakt); extraktreicher, wuchtiger, körper- und alkoholreicher Wein.
– *Gekippt*	ein häufig von Verbrauchern verwendeter Begriff für einen nach subjektiver Meinung zu alten Wein. In Wirklichkeit ist ein »gekippter« Wein ein Wein, der auf der Flasche nachgärt.
– *Gelatineton*	besser: nach zersetzter Gelatine (wie Kadaverfett).

– *Gepanscht* ist ein unzulässig mit Wasser gestreckter Wein.

– *Geranienton* entwickelt sich bei unsachgemäßer Verwendung von Sorbinsäure. Pelargonienduft.

– *Gerbstoffgeschmack* ein mehr oder weniger gerbig-bitterer Geschmack auf Zunge und Gaumen. Gerbend.

+ *Gesund* ein positives Urteil über den Wein. Ebenso wie mängelfrei und fehlerfrei. Das Gegenteil: krank, mangelhaft, fehlerhaft.

+ *Geschliffen* → siehe unter »Schliff«.

+– *Geschmäckle* kleiner Nebengeschmack, der nicht unangenehm zu sein braucht, meist wohlwollend gebraucht für «Bauernweine«, kleinen Jahrgangston, einfache Weinbehandlung.

+ *Geschmeidig* ähnlich glatt; harmonischer, runder Wein mit ausgeglichener Säure.

– *Gespalten*
– *Getrennt* Süße und Säure sind nicht verbunden, stehen sich unharmonisch gegenüber (Disharmonie).

○ *Gespritzter* (Schorle) ist ein Getränk, das je zur Hälfte aus Wein und Tafel-Wasser hergestellt wird.

○ Gesüßt dem Wein wurde zur Harmoniesteigerung vor der Flaschenfüllung Traubenmost zugesetzt (Süßreserve).

– *Gestört* vgl. durcheinander, auch Wein nach Säureabbau oder Nachgärung, auch nach Transport.

○ *Gestoppt* nennt man Weine, die in der Gärung zum Zwecke der Erhaltung einer bestimmten Süße mit Separator oder/und Filter behandelt wurden (früher auch unfachmännisch mit SO_2).

– *Gestreckt* ist ein Wein, der unzulässigerweise mit Wasser (auch Zuckerwasser oder Tresterwasser) verfälscht wurde. (Siehe auch überstreckt.)

– *Getauft* vgl. gepanscht.

○ *Gewächs* Wachstum, Erzeugerbezeichnung (nach dem WeinG 1930 ein Begriff für ungezuckerten Wein).

– *Gezehrt*	Vorstufe von firn. Güteminderung durch beginnendes Altern; hohl liegende Weine. Auch durch Kahmhefe kann sich dieses Geschmacksbild einstellen.
O *Gezügelt* O *Gezügelte Gärung*	Gärverfahren, bei dem unter Verwendung von Druck- oder Kühltanks das Gärtempo verlangsamt wird. Ergebnis: Weine mit mehr Kohlensäure und etwas Restsüße; vgl. gestoppt. Wird heute kaum noch durchgeführt.
O *Gezuckert*	vgl. verbessert, angereichert. Erlaubter Zuckerzusatz bei kleinen, unselbständigen Mosten und Weinen, um sie haltbar zu machen und ihren Alkoholgehalt zu erhöhen; hat nichts mit Süße zu tun, weil der Zucker vergärt. Gezuckerte Weine sind nicht mehr naturrein. Sie dürfen keine Prädikatsbezeichnung tragen.
+ *Glanz* + *Glanzhell*	kristallklar, ohne die geringste Trübung.
+ *Glatt*	Gegensatz von rauh, vielfach sauber mit Neigung zu voll, keine irgendwie stärker hervortretenden Eigenschaften. Harmonisch.
+ *Glockenklar*	übertragene Bezeichnung für glanzhell.
+ *Goldgelb*	sattes Gelb bei großen Weinen; Steigerung: bernsteinfarben. Hochfarbig wäre negativ.
+– *Gör*	kommt von gären. Wein enthält noch die Gärbukette. Es gibt reine Gör, wenn bestimmte Gärstoffe als angenehme Nebengerüche herausriechen oder -schmecken (meist viel Kohlensäure vorhanden). Kann auch ein Zeichen von Nachgärung sein. Bei Flaschenweinen total negativ.
– *Grasgeschmack*	vgl. rapsig. Geschmack nach grünen Beerenteilen, Traubenhülsen, Blättern (bei Stachelbeerwein vorwiegend). Unreife.
– *Grasig*	Geschmack nach unreifen Pflanzenteilen, durch zu starkes Abpressen entstanden. Begriff wird auch bei unreifen Weinen mit »grasiger« Säure verwendet.

– *Grauton* an schimmelige, versporte Trauben erinnernd (Grauschimmel).

+ *Groß* wird ähnlich wie »edel« und »fein« verwendet, z. B. für Spitzenweine, großer Wein usw.

– *Grün* grüner Wein = neben Farbe auch kleiner, unreifer, saurer Wein. Nicht mit »weingrün« verwechseln!

+ *Gut* reintöniger, einwandfreier Wein in Farbe, Blume und Geschmack. »Sehr gut« wäre Steigerungsform.

– *Hagelgeschmack* Wein aus verhagelten Trauben, unangenehmer Beigeschmack, erinnert an widerlich riechende und schmeckende Stoffwechselprodukte der Fäulnispilze.

– *Hängt* ein Geschmack hängt nach, wenn er am Gaumen haftet. Ein Wein hängt auch, wenn er in der Gärung stecken-, d. h. hängengeblieben und unharmonisch süß ist. Weine mit viel Gerbstoff hängen am Zungenhintergrund und Gaumen.

O *Halbtrocken* als »halbtrocken« können nach dem Weinrecht alle jene Weine bezeichnet werden, die nicht als »trocken« (bis 9 Gramm Zucker pro Liter bzw. Gesamtsäure +2) bezeichnet werden dürfen und die nicht mehr als 18 Gramm Zucker pro Liter (Gesamtsäure +10) haben. Weitere gesetzlich zugelassene Geschmacksangaben auf dem Weinetikett sind »trocken«, »lieblich« und »süß«.

O *Harmonie* Der Begriff »Harmonie« ist im neuen 5-Punkte-Schema verankert und ist das Zusammenwirken von Geruch und Geschmack sowie sensorischen Vorbedingungen.

+ *Harmonisch* alle Bestandteile des Weines sind im richtigen Verhältnis aufeinander abgestimmt; keine Geruchs- und Geschmackskomponente tritt störend oder dominierend hervor.

– *Hart* Wein mit hohem Gehalt an Äpfel- und Weinsäure; fehlt Extrakt, dann saurer Wein. Wenn trotz Härte angenehm, dann Rasse. Auch schwefelsäurefirne Weine schmecken hart.

– ○ *Harzig* Wein mit harzähnlichem Geschmack, u. U. Pecheinfluß (Bierfaß), sonst Harzweine aus Griechenland (Retsina).

– *Haustrunk* wird aus Trestern für den Eigenverbrauch der Winzer hergestellt. Darf nicht in den Verkehr kommen (vgl. Tresterwein).

– *Hefegeschmack* wie Böckser, doch nicht so stark hervortretend.

– *Hefeböckser* unangenehm in Geruch und Geschmack.

– *Hefig* Wein schmeckt noch nach Hefe und ist milchig trüb.

○ *Herabgestuft* der Wein wurde durch die chemische Analyse oder durch die Sinnenprüfung von einer höheren auf eine niedrigere Qualitätsstufe herabgestuft.

+ – *Herb* wird häufig als Ausdruck für trockene, also weitgehend durchgegorene Weine verwendet (Gegenteil von mild). Tatsächlich steht *herb* für strenge, bitterliche Weine, die durch ihren deutlich wahrnehmbaren Gerbstoffgehalt zusammenziehend (adstringierend) wirken. Geschmackseindruck hauptsächlich am Zungenhintergrund.

+ *Herzhaft* Geruchs- und Geschmacksstoffe, besonders die Säuren treten stärker, aber angenehm hervor.

+ *Herrenwein* meist kräftiger, gediegener und typischer Wein ohne Süße (Riesling); vgl. Damenwein.

+ *Herrschaftswein* gut gepflegter, reintöniger Wein aus bestgeleiteten Weingütern, im Gegensatz zu früher manchmal schlecht gepflegten sogenannten Bauernweinen.

○ *Heuriger* österreichische Bezeichnung für einen noch nicht einjährigen Wein.

○ *Hinten* Geschmackswahrnehmung vorzüglich »hinten«, am Zungengrund, auch Abgang.

– *Hochfarbig*	eine meist abnorme oxidative Veränderung der Weißweinfarbe. (Intensive Rotgold-Tönung.)
O *Hochgewächs*	Bezeichnung für Spitzenweine. Nur Beeren- und Trockenbeerenauslesen dürfen so bezeichnet werden (allerdings nicht auf dem Etikett).
– *Hohlgeschmack*	vgl. Luftgeschmack (hohl = im Anbruch befindlicher Wein). Anbruch = nicht volles Behältnis.
– *Holzgeschmack*	Geschmack nach Eichenholz. Ursache: ungenügend vorbereitete neue Fässer; vgl. Faßgeschmack. Lohe.
– *Holzig*	Wein lagerte zu lange in zu kleinen Holzfässern.
+ *Honigartig*	bei Auslesen und Edelbeerenauslesen auftretender Geruch und Geschmack.
+ *Hübsch*	zarte, feine Art eines Weines.
– *Hülsengeschmack*	vgl. Grasgeschmack, Trestergeschmack.
+ – *Jahrgangston*	unter besonderen Umständen kann der Wein einen positiven, negativen oder wertfreien Jahrgangston bekommen.
– *Jodoformgeschmack*	typischer Geruch bei Jungwein, nach Jodoform und dergleichen. Oft fehlerhaft, kann zuweilen auch vorübergehend bei großen Auslesen auftreten, wo er dann wieder verschwindet (vgl. Terpentin).
+ – *Jung*	ist ein unfertiger Wein, der noch nicht hell ist und viel Kohlensäure enthält (auch zu jung für Genußreife).
O *Jungfernwein*	wird der Wein vom Erstertrag einer Rebanlage bezeichnet (heute nicht mehr bei der Etikettierung verwendbar).
O *Jungwein*	die Hauptgärung ist weitgehend abgeschlossen, der Wein klärt sich, enthält noch Kohlensäure und Gör, Vorstadium = Federweißer.
O *Kabinett*	ist die erste (unterste) Prädikatsstufe, die nur Weinen zuerkannt wird, welche nicht angereichert

sind und im übrigen den gesetzlichen Bestimmungen gemäß hergestellt wurden.

– *Käsig* — dieser Geruchs- und Geschmackseindruck wird nicht selten bei schlampiger Kellerwirtschaft beobachtet oder bei sich zersetzender Gelatine.

– *Kahmig* — nach Kahmhefe schmeckend und riechend (Ester oder Buttersäure). Als *kahmig* bezeichnet man auch Weine, die auf ihrer Oberfläche Kahmpilze aufweisen, ohne daß sie dadurch schon geschmacklich beeinflußt sind.

– *Kammgeschmack* — tritt auf, wenn die Maische zu lange stehenblieb (auch Rappen- oder Maischegeschmack).

– *Karamelton* — nach gebranntem Zucker.

– *Karbolineumgeschmack*
– *Karbolgeschmack* — fehlerhafter, typischer Geruch und Geschmack nach Karbolineum. Ursache: frisch imprägnierte Weinbergspfähle oder so behandelte Gegenstände im Keller.

○ *Kellerabfüllung*
○ *Abfüller* — Bezeichnung mittels Korkbrand und auf Etiketten. Sagt an, in wessen Keller der Wein auf Flaschen gefüllt wurde (vgl. Erzeugerabfüllung).

+ *Kernig* — körperreicher, kräftiger, nerviger Wein, der nicht viel Süße aufweist.

– *Kerngeschmack* — kommt von zerquetschten Traubenkernen; sehr unangenehmer, zusammenziehender Geschmack.

– *Kieselgurgeschmack* — beim Filtern der Weine über Kieselgur können sie einen eigentümlich erdigen Geschmack annehmen.

+ *Kirchenfenster* — Weine mit hohem Glyceringehalt bilden an den Weingläsern Schlieren, die gotischen Kirchenfenstern ähneln.

○ *Klar* — Bewertung des Aussehens (Vorstufe von blank oder auch gleichwertig).

○ *Klarheit* — Wein muß beim Inverkehrbringen klar sein.

O *Klarettwein*	in Deutschland nicht mehr zugelassene Bezeichnung für nach Art des Roséweins gewonnene Weine.
– *Klein*	kleiner, geringer Wein mit wenig Körper, Alkohol usw., oft sauer. Karg.
+ *Klotzig*	siehe opulent, dick, aber noch kräftiger (schwer, stark).
O *Kneipwein*	ein süffiger, nicht zu schwerer Wein mit nicht hohem Alkohol wird als Kneipwein bezeichnet und meist bei großen Veranstaltungen als »Vortrunk« gereicht.
O *Konsumwein*	nicht genau definierbarer Begriff für einfache, anspruchslose, preiswerte, »kurante« Trinkweine. Volksmundbezeichnung für Großpartien.
O *Koscherer Wein*	Wein für religiöse Zwecke und rituelle Handlungen.
O *Körper*	unter Körper eines Weines versteht man seine Inhaltstoffe (großer oder kleiner Körper).
+ *Körperreich* – *Körperarm*	der Wein hat viel Extrakt, gewöhnlich bei harmonischer Säure und genügend Alkohol; vgl. fett; ein körperreicher Wein schmeckt »voll«, ein körperarmer hingegen »leer« (vgl. auch Fülle).
– *Korkgeschmack*	durch kranke Korken vermittelter sehr unangenehmer Geschmack. Nicht mit Schimmelgeschmack verwechseln; aber ähnlich wie dumpf und muffig.
– *Kornitol*	vgl. Karbol.
– *Krank* O *Krankheiten*	ein Wein ist krank, wenn er auf biologischem Wege nachteilig verändert ist. (Krankheiten sind Essigstich, Milchsäurestich, Kahm u.a., auch die Nachgärung).
+ *Kräftig*	siehe schwer.
– *Kratzend* – *Kratzig*	Weine mit zu hoher flüchtiger Säure und/oder schwefliger Säure kratzen im Hals.

–	*Krautig*	als *krautig* wird in Franken ein mehr oder weniger unreifer Wein bezeichnet, der etwas nach Gras, grünen Rappen, Pektinstoffen (Beerenfleisch) schmeckt. Wird auch öfters für zu starken Milchsäuregehalt (Sauerkraut) verwendet.
–	*Kreosotgeschmack*	vgl. Karbolineum. Von kreosotierten Weinbergspfählen und dergleichen herrührend. Ähnlich auch der Geruch und Geschmack nach Stinköl (Wildverbißmittel).
O	*Kreszenz*	siehe Wachstum. (Frühere Bezeichnung für naturreinen Wein.)
–	*Kuhnig*	siehe kahmig.
O	*Kultwein*	Oberbegriff für Weine, die für religiöse Zwecke Verwendung finden.
–	*Kunststoffgeschmack*	auch als *Styrolton* bezeichnet, wird nicht selten bei Weinen beobachtet, die in mangelhaft bereiteten Kunststoffbehältern lagerten oder mit ungeeigneten Kunststofferzeugnissen in Berührung kamen.
–	*Kurz*	der Wein hat keinen Abgang, keinen nachhaltigen Geschmack; er probiert sich nicht nachhaltig. Er verkostet sich erst angenehm und fällt dann im Gaumen ab. Der Wein hat keine Nachwirkung auf Zunge und Gaumen; vgl. auch »spitz«. Er hat keinen »Schwanz«.
–	*Lackgeschmack*	unangenehmer, oft widerlicher Geschmack nach Lack. Ursache: schlechter oder nicht genügend abgetrockneter Lack, Kelterlack.
+ –	*Lagenton*	Weine aus manchen Weinbergslagen haben einen unverwechselbaren Eigengeschmack.
+	*Lagerbukett*	bildet sich bei der Reifung des Weines.
–	*Laff*	nichtssagender Geschmackseindruck; vgl. Fad.
–	*Lahm*	Bezeichnung für müden, älteren Wein, an dem nicht mehr viel »dran« ist; vgl. leer, müde, matt.
O	*Landwein*	diese Bezeichnung ist neuerdings für eine Gruppe gehobener Tafelweine vorgesehen.

– +	*Lang*	der Wein ist durch Bakterientätigkeit negativ verändert (auch als »lind«, »zähe« bezeichnet). »Lang anhaltend« ist auch ein positiver Geschmackseindruck (Wein wirkt lange nach).
+ + +	*Lebendig* *Leben* *Lebhaft*	Gegensatz: tot. Meist jugendliche Weine mit fruchtiger Säure und Kohlensäure, die den Geschmack anregen und angenehm in Geruch und Geschmack sind (animierend).
–	*Leer*	der Wein ist dünn, gehaltlos, ohne positive Geschmacksstoffe. Auch alte abbauende Weine; oft genug matt und schal, es fehlt an Extrakt und an Säure. Gegensatz = voll.
– +	*Leicht*	ist ein Wein, der wenig Alkohol und Extraktstoffe hat. »Leichtweine« sollen jetzt wieder in Mode kommen (Vereinigte Staaten – USA).
O +	*Lieblich*	Wein von lieblicher, d. h. angenehmer Art. Der Wein probt sich angenehm, es besteht ein schönes Verhältnis zwischen Bukett- und Geschmacksstoffen (Geschmacksangabe nach EWG-Recht). Vgl. auch »trocken«, »halbtrocken« und »süß«.
–	*Lind*	vgl. »zähe«. Bakterienkrankheit (Lindwerden).
– –	*Lohegeschmack* *Loheton*	Geschmack nach frischem Eichenholz (vgl. Faßgeschmack).
– –	*Luftgeschmack* *Luftton*	der Wein probiert sich eigentümlich fade und schal; er erinnert an Firne; entsteht bei längerer Lagerung in zu kleinen Gebinden oder bei längerem Anbruch eines Weines. Man bezeichnet dies auch als Oxidationston (Schwefelmangel).
–	*Mager*	dünn, extraktarm, ausdruckslos im Geschmack.
–	*Maischegeschmack*	tritt bei warmem Lesewetter auf oder wenn zu spät abgekeltert wird.
+ –	*Mandelgeschmack*	leicht nach Mandeln schmecken die Kalterer-See-Weine oder beispielsweise auch der Wein der Originallage Kallmuth.

– *Mandelbitter*	(auch Bittermandelgeruch und -geschmack) an bittere Mandeln erinnernder Geruch und Geschmack. Kann fehlerhaft sein (unsachgemäße Weinbehandlung).
○– *Mangel*	Mängel sind Wertminderungen im Geschmack durch das Zuviel oder Zuwenig eines oder mehrerer der wesentlichen Weinbestandteile.
– *Mannitgeschmack*	eigentümlich süßlicher Geschmack, der auch leicht an fl. Säure erinnert (fehlerhafte Bakterientätigkeit). Geruchlich ebenso wahrnehmbar.
+ *Markant*	ein kräftiger Wein, der durch seine angenehme Eigenschaft im Gedächtnis bleibt.
○ *Markenwein*	sind Weine mit möglichst gleichbleibendem Charakter und mit einer Phantasiebezeichnung.
+ *Markig*	darunter versteht man kräftige, aber nicht zu milde Weine mit langer Nachwirkung auf dem Gaumen.
+ *Massiv*	deutlich hervortretende Geschmackskomponenten.
– *Matt*	wie alt, leer, d. h. ohne Frische.
– *Mäuseln* – *Mäuselnd*	unangenehmer bis ekelerregender Geschmack, der bei säurearmen Weinen infolge von Bakterientätigkeit und Lufteinfluß sich bilden kann. Geruch und Geschmack nach Mäuseharn und ungelüfteten Getreidekammern (hängt im Gaumen).
– *Medizingeschmack*	tritt bei Weinen aus faulem Lesegut auf (auch als Jodoformgeschmack bezeichnet).
– *Mercaptan-Böckser*	unangenehmer Geruch und Geschmack, der sich aus Schwefelverbindungen bildet.
○ *Melange*	(französischer Begriff für eine Mischung).
○ *Meßwein*	Wein, der den Vorschriften der kirchenrechtlichen Bestimmungen entspricht (vgl. Meßwein – die gültige, würdige und erlaubte Materie, Echter Verlag 1982).

– *Metallgeschmack* – *Metallisch*: an Eisen oder Zink erinnernder Geschmack, der unangenehm ist; entsteht u. a. bei Verwendung von verzinkten Lesegeräten und nicht sorgfältig behandelten Faßtürchen.

– *Milchig*: Weine, die noch viel Hefe enthalten, sind meist milchig getrübt; vgl. hefig, Federweißer.

– *Milchsäurestich*: säurearme, kohlensäurehaltige Weine mit milchiger, trüber Farbe, gestörtem Geruch und süß-saurem Geschmack; bei Obstwein (Birnenwein) auch bei Rotweinen häufiger vorkommend (Milchsäurebakterien).

– *Milchsäureton*: kann angenehm sein (bei Rotwein); leicht an Sauerkraut erinnernd.

+ *Mild*: säurearmer, ausgeglichener Wein, oft mit schöner Frische (viele Müller-Thurgau-Weine, Rotweine). Wird in den Gastwirtschaften oft als Gegensatz von herb (ohne Süße) verwendet.

+ *Mineralisch*: schmeckt ein Wein von einem gut gedüngten Weinberg, der mäßig getragen hat (z. B. Rieslaner).

– *Mineralölgeschmack*: meist durch nachlässigen Umgang mit Schmiermitteln verursacht.

– *Mißfarben*: steht für untypische Weinfarbe.

○ *Mistellen*: sind mit Alkohol »stumm« gemachte Moste (z. B. Samos-Wein).

+ *Mollig*: wird für vollmundige, zarte (Rot-)Weine verwendet.

– *Molke*: an Molke erinnernder Wein ist meist biologisch negativ verändert.

○ *Mostgewicht*: abgekürztes spezifisches Gewicht, dient zur Bewertung der Moste und wird in Grad Oechsle ausgedrückt; z. B. 90° Oe. entsprechen einem spezifischen Gewicht von 1,090 bei 20° C; die Oechslegrade entsprechen ungefähr den Gramm Alkohol im Liter Wein.

O– *Mostig* noch nicht entwickelter Wein; auch bei zu hohem Süßreservezusatz kann Wein mostig schmecken, ebenso bei beginnender Nachgärung.

– + *Moussierend* der Gehalt an Kohlensäure ist sehr hoch (bei Wein nicht beliebt, meist Hinweis für Nachgärung; bei Schaumwein notwendig).

– *Muffig* siehe Schimmelgeschmack; oft durch ungeeignetes Kellerklima verursacht.

+ *Musik* die Weininhaltsstoffe harmonieren wie der Klang eines großen Orchesters.

+ *Muskatnote* haben insbesondere alle Sorten, die mit ihrem Namen schon auf dieses Gewürz hinweisen. Aber auch z. B. die Sorte Müller-Thurgau.

– *Müde* der Wein hat keine Frische mehr.

O *Nachdruck* heißt die letzte Pressung. Die Moste und später die Weine haben einen schmeckbar höheren, rauhen Gerbstoffgehalt (vgl. rapsig).

– *Nachgärton* tritt auf, wenn im Lagergebinde oder auf der Flasche der Zuckerrest durch Hefen verändert wird.

– *Nachgetrübt* ist ein zuvor klarer Wein, der in der Flasche, meist infolge Erschütterung oder stärkerer Temperaturschwankung sich wieder trübt (Eiweißausscheidung).

– *Nackt* vgl. ausgezogen, nichts mehr dran, wie arm, leer.

– *Naphthalinton* diesen Geruch und Geschmack zeigen hin und wieder Weine der Scheurebe (Mottenkugeln).

+O *Nase* fachliche Umschreibung für den Geruch eines Weines.

O *Naturbelassen* (heute: unangereichert) »ein Wein wie ihn der Stock liefert«, also ohne Zuckerzusatz.

O *Naturrein* Wein, dem Zucker nicht zugesetzt wurde (darf auf dem Flaschenetikett nicht mehr angegeben werden).

O *Naturtrüb* ist ein Saft wie er von der Kelter läuft.

+ *Nervig*	wie kernig; kräftige, stahlige, rassige, körperreiche Weine.
+ *Nett*	ein unauffälliger, aber ausgeglichener Wein.
+ *Nobel*	gleichbedeutend mit »adelig« und »vornehm« (noblesse oblige).
+ *Nuancenreich*	ein Wein kann nuancenreich oder auch nuancenarm sein.
– *Obstig*	bei Nachgärung oft feststellbar (Gör).
+ *Ölig*	ist ein dickflüssiger, meist schwerer Wein. Geschmacklich: Wein mit viel Extraktstoffen, besonders Glycerin; meist volle, schwere Weine. Vgl. fett; nicht mit zähe zu verwechseln.
– *Opalisierend*	weist auf Bakterientätigkeit hin (vgl. bläulich).
+ *Opulent*	sind Weine mit reicher Fülle (meist hochwertige Silvaner).
O *Originalabfüllung* O *-abzug* O *-Kellerabzug*	naturreiner Originalwein, der im Keller des Erzeugers ausgebaut und abgefüllt wurde (durch Änderung des WeinG nicht mehr anwendungsfähig).
– *Oxidationston* – *Oxidativ* – *Oxidiert*	Diese Begriffe finden Anwendung bei Weinen, die ungenügend geschwefelt wurden oder die zu stark freie schweflige Säure abgebaut haben. Weißweine werden hochfarbig. Rotweine bräunlich. Das Sortenbukett tritt zurück. Die Weine werden matt (vgl. auch Luftgeschmack).
– *Pappig*	Weine mit zu hoher Süße oder überentsäuerte Weine können als »pappig« angesprochen werden.
– *Papierton*	ist oft in der mangelhaften Wässerung der Filterschichten begründet (vgl. Zellulosegeschmack).
+– *Parfüm*	der Wein hat ein parfümähnliches Bukett (z. B. Optima).
– *Parfümiert*	wirkt ein Wein, dem irgendwie durch Verschnitt oder ungesetzlich eine atypische Duftnote verliehen wurde.

– *Passé*	vgl. tot. Der Wein ist hinüber; er hat sich negativ entwickelt und entspricht nicht mehr dem Verbrauchergeschmack.
– *Pechgeschmack*	bitterer Geschmack und typischer Geruch nach Pech. Meist nur bei Weinen auftretend, die in gepichten Bierfässern lagern.
+ *Pfirsichnote*	zeigt sich meist bei reifen Rieslingweinen.
– *Pektingeschmack*	wird oft bei unreifen Silvanerweinen beobachtet (vgl. auch Butzen).
+ – *Perlend*	der Wein zeigt mehr oder weniger viel CO_2; Steigerungsform: Prickelnd.
O *Perlwein*	ist eine Weinart, der CO_2 zugesetzt wird.
– *Petroleumgeschmack*	Geruch und Geschmack nach Petroleum, durch verunreinigte Flaschen verursacht. Nicht mehr aus dem Wein zu entfernen.
+ *Petrolton*	typisch für reife und gelagerte Rieslingweine.
– *Phenolton* – *Phenolisch*	an Karbolsäure erinnernd.
+ *Pikant*	der Wein wirkt besonders angenehm durch seine fein abgestimmte reife Säure.
– *Platt*	vgl. matt. Auch plattgehobelt – durch zu viele strapazierende Behandlungen negativ verändert – der Wein zeigt kein Profil mehr (ausgezogen).
– *Plump*	Wein von hohem Extraktgehalt, viel Körper, aber ohne Charakter, mit irgendwelchen zu stark, also unharmonisch hervortretenden Eigenschaften (Alkohol, Extrakt). Gegensatz = elegant.
+ – *Prickelnd*	mehr Kohlensäure als bei einem spritzigen Wein, aber noch nicht scharf, man hat das Gefühl des Moussierens (Ursache: zu früh gefüllte Tankweine).
O *Promille*	= Tausendstel; Begriff findet bei Angabe der Gesamtsäure Verwendung (‰).

○+	*Qualität*	das ist in erster Linie ein Marktordnungsbegriff. Unter Qualität eines Weines versteht man (nach Bayer) die natürliche und harmonische Zusammensetzung an Inhaltstoffen, welche eine bekömmliche, optimale Wirkung auf Sinne und Wohlbefinden ausübt. »Qualität ist immer das Anständige« (Th. Heuss).
○	*Qualitätswein b. A.*	darf nur aus Trauben *eines* »bestimmten Anbaugebietes« hergestellt sein und kann erst nach Erfüllung vieler gesetzlicher Vorschriften in den Verkehr gebracht werden, und wenn er amtlich geprüft ist (ebenso auch die Prädikatsweine).
○	*Qualitätsweinprüfung*	Seit dem Weinjahrgang 1971 ist in der Bundesrepublik Deutschland für alle Qualitätsweine und Qualitätsweine mit Prädikat eine obligatorische amtliche Prüfung vorgeschrieben. Die Weine werden nach der Flaschenfüllung chemisch analytisch und sensorisch geprüft. Dann erst darf der Wein in den Verkehr gelangen.
–	*Rabauzig*	in Franken verwendeter Begriff für einen rauhen, ungeschliffenen, unreifen Wein.
– –	*Rahngeschmack* *Rahnig*	Bezeichnung für Jungweine, die unter dem Einfluß zu starker Luftzufuhr ohne genügende SO_2-Gabe einen an frische Brotrinde erinnernden Geruch und Geschmack angenommen haben. Ein rahner Wein ist in der Regel bräunlich (hochfarbig) (vgl. oxidativ usw.).
–	*Ranzig*	Geruch und Geschmack nach ranziger Butter, ranzigem Fett (Faßtalg).
–	*Rapsig*	rappig, vgl. Grasgeschmack. Von Rappen (Kämmen, Traubenstielen) herrührend.
+ +	*Rasse* *Rassig*	Rasse etwa = Art, es gibt Weine mit Pfälzer, Rheingauer Rasse, mit Riesling- oder Scheurebenrasse. Rassige Art = ausgeprägte Duft- und Geschmacksstoffe. Daneben Bezeichnung für Wein, bei dem die Säure zwar deutlich, aber nicht unangenehm hervortritt. Pikant.

+ – *Rauch-geschmack* Lageneigentümlichkeit, oft ein Immissionsproblem (Müllhaldenton ist ähnlich).

– *Rauh* hoher Gerbstoffgehalt, übermäßiger Gehalt an Schwefelsäure und schwefliger Säure. Nicht selten bei Weinen anzutreffen aus geringen Lagen oder unfachlicher Kelterung.

+ *Reduktiv* das Gegenteil von oxidativ; deutsche Weißweine werden reduktiv ausgebaut, wobei Frische und Eleganz erhalten werden. Schwefelung schon im Maische- und/oder Moststadium und frühzeitige Jungweinschwefelung. Möglichst frühes Beifüllen der Gärgebinde. Zu reduktiv nachteilig.

– *Reicher Duft* vgl. Aromaböckser. Fränkische Umschreibung für eine untypische Aromaveränderung.

+ *Reif* Weine mit ausreichendem Faß- bzw. Flaschenlager. Schönste Ausbildung aller Weinbestandteile.

+ *Rein* siehe sauber und naturrein (nicht gleichbedeutend mit reinlich).

+ *Reintönig* einwandfreier Wein, ohne jede Nebenstörung negativ hervortretender Geruchs- und Geschmacksstoffe.

O *Restsüße*
O *Restzucker* vgl. traubeneigener Zuckerrest.

+ *Rezent* feine, elegante, frische Art, eigenartiger Geruch und Geschmack, ohne jeden Beigeschmack.

+ *Robust* sind meist kräftige Silvaner- und auch Rieslanerweine.

O *Rohling* ist ein noch nicht fertig ausgebauter und noch nicht auf Flaschen gefüllter Wein, der noch »geschliffen« wird. Rohling = Umgangssprache.

+ *Rosenduft* ist ein Charakteristikum des Traminers.

O *Roséwein (Roseewein)* *vgl. »Kurzbeschreibung der Weinarten«.*

+ *Rückgrat* der Wein zeigt viel Art, Festigkeit, gute Säure, Körper und läßt eine gute Lagerfähigkeit erwarten. Riesling, Rieslaner.

+ *Rund* die Bestandteile des Weines harmonisieren in gut abgestimmter Form; Wein ohne »Ecken«; ähnlich wie glatt und harmonisch mit Neigung zu voll.

– *Rustikal* ist ein weniger reifer, säurebetonter, ungeschliffener Wein. Solche Weine haben auch Freunde.

+ *Saftig* vollsaftiger Wein, er hinterläßt auf der Zunge kein trockenes Gefühl, er füllt den Mund aus, oft fett, schmalzig, oft noch etwas Zucker, der aber nicht als Zucker schmeckbar ist.

+ *Samtig* steht für kräftige harmonische Rotweine, deren Herbe durch Extrakt und Alkohol soweit überdeckt (abgepuffert) wird, daß auf der Zunge ein »samtartiger« Eindruck entsteht.

+ *Sauber* der Wein ist geruchlich und geschmacklich einwandfrei; die Reinlichkeit ist hier nicht gemeint.

– *Sauer* der Wein hat für den Weintrinker eine zu hohe Säure. Meist Weine aus geringen Jahrgängen (siehe hart). Manchmal auch sortenbedingt.

– *Sauerampfer*
– *Säuerling* abschätzige Bezeichnung für einen säurebetonten Wein. Noch bössinniger ist dann die Formulierung »Essig« oder »Gurkenwasser«.

– *Sauer-süß* oder auch süß-sauer schmecken Weine, deren Säure zu hoch und nicht richtig in der Süße abgestimmt sind (unangenehm für den Weintrinker).

○ *Sauser* gärender Most, der unter Bildung von sehr viel Kohlensäure aufbraust; noch Süße vorhanden; infolge Gärung meist warm. Vorstadium Bitzler, Bremser; Nachstadium Federweißer.

○ *Säure* im Wein sind u. a. vorwiegend Äpfel- und Weinsäure, dann Bernsteinsäure und geringe Mengen flüchtiger Säuren. Unter »Säure« meint man meist einen hohen Gehalt an Äpfelsäure.

Die Säuren sind jedoch *wesensbestimmende* Bestandteile des Weines und für das harmonische Zusammenspiel aller Weininhaltstoffe sowie auch für die Lagerfähigkeit ungemein wichtig.

○ *Säureabbau* ist die Abnahme der Säure durch Weinsteinausfall oder durch Umwandlung der Äpfelsäure in Milchsäure durch Bakterien.

– *Schal* siehe trocken und leer. Wein hat keine Frische.

– *Scharf* soviel Kohlensäure, daß sie unangenehm die Zunge beißt.

– *Schimmelgeschmack*
– *Schimmelton*
– *Schimmelig* durch schimmelige Fässer, Geschirr, Leitungen, Behältnisse oder durch Hindurchwachsen von Schimmelpilzen durch Faßwände oder Korken eintretender dumpfer oder muffiger Geschmack. Auch durch schlechte Verarbeitung faulen Lesegutes kann muffiger Geschmack entstehen (Geschmack erinnert an schimmeliges Brot).

– *Schimmer* feine Trübung des Weines im Glas (bläulicher Schimmer).

– *Schleier* leichte Trübung des Weines, die Trubbestandteile sind so klein, daß sie als solche nicht kenntlich sind.

– *Schleimig* vgl. zähe.

+ *Schlieren* Adhäsionserscheinungen am Kostglas (Fenster, Kirchenfenster). Nur große Weine »schlieren«.

+ *Schliff* steht für einen gekonnt ausgebauten Wein.

+ *Schmalzig* siehe fett; viel Extraktstoffe, besonders Glyzerin.

– *Schmierig* mehr als unklar, meist schlecht behandelte säurearme Weine von verwischtem Charakter.

– *Schnapsig* vgl. brandig.

○ *Schoppen* Gebietsbezogene Bezeichnung für ein handelsübliches Ausschankmaß (z. B. in Franken 0,25 Liter, in der Rheinpfalz 0,5 Liter).

○ *Schorle* ist ein weinhaltiges Getränk, das je zur Hälfte aus Wein und Tafelwasser hergestellt wird.

+ *Schön*	wenn Geruchs- und Geschmacksstoffe harmonisch beieinander sind. Begriff wird meist bei mittleren Weinen verwendet.
O *Schwarzer Bruch*	Fehler des Weines, der durch Ausscheidung von Eisentannat eine blauschwärzliche Farbe annimmt.
+ *Schwarze Johannisbeere*	nach dieser Beere duftet und schmeckt meist die Scheurebe.
– *Schwefelböckser*	Geruch nach Schwefelwasserstoff, nach faulen Eiern; oft vorübergehender Fehler.
– *Schwefel* – *Schwefelig*	die schweflige Säure sticht unangenehm in der Nase, auch oft als »stechend« bezeichnet.
– *Schwefelsäurefirne*	beim Überschwefeln und bei der Verwendung lang leer gewesener Fässer auftretende unangenehme trockene Firne. Schwefelfirne verursacht Unbehagen und u. U. Kopfschmerzen (Zähne stumpf machend). Schwefelsäurehart.
– *Schweißig*	oft Hinweis auf unerwünschte Bakterientätigkeit (nach Buttersäure).
+ *Schwer*	wie kräftig, wuchtig, stark; alkoholreiche Weine mit viel Extrakt. Hier ähnlich wie voll, nur daß bei einem *schweren* Wein der Alkoholreichtum, bei einem *kräftigen* Wein der Säurereichtum und der Extrakt mehr betont ist.
O *Sec*	französische Bezeichnung für »trocken« bei Schaumwein.
O *Seewein*	als *Seewein* bezeichnet man die Weine der Bodenseeweinbaugebiete.
– *Seifig*	bei Jungweinen eigentümlich fader, glatter, seifiger Geschmack, der nach stürmischer Gärung (höhere Alkohole) zuweilen vorübergehend auftritt.
+ – *Sherrybukett*	für deutsche Weine artfremdes Aroma, das bei guten Weinen auftritt, die nach der Gärung länger

im Anbruch liegen. Bei Jerez-Wein gewollt. Ursache: Hefe im oxydativen Stadium; vgl. Spaniol (nicht mit Cherry = Kirsch verwechseln).

– *Silageton* — nach Silage kann ein Wein schmecken, der bakteriell negativ verändert ist. Oder durch die »innere Umwelt« belastet ist.

+ *Sortenbukett*
+ *Sortenart*
+ *Sortentypisch* — von der Rebensorte her geprägtes, typisches Bukett des Weines, z. B. Riesling-, Traminer-, Muskatellerbukett.
Das Gegenteil ist: ohne Sortenart oder sortenuntypisch.

+ *Spaniol* — bestimmter Altersduft und -geschmack, an Südweine erinnernd.
Ist eine beliebte Eigenart hochwertiger älterer Steinweine. Bezeichnung soll von Ludwig I. verwendet worden sein (siehe Petrolton).

○ *Spätlese* — Wein aus vollreifen Trauben, der zur festgesetzten Lese mit einem bestimmten Mostgewicht geerntet und dem das Prädikat zugeteilt wurde.

+ *Spiel* — Feinheit und Harmonie der Geruchs- und Geschmacksstoffe.

– *Spitz* — teils wie kurz, teils wie scharf. In letzterem Fall fühlt man die Kohlensäure auf der Zungenspitze. Man spricht auch von spitzer Säure (bei harten kleinen Weinen).

○ *Spitzengewächs* — auch Spitzenwein – beide Begriffe werden nur für hochwertige Weine (Auslesen, Beerenauslesen, Trockenbeerenauslesen) verwendet (vgl. Hochgewächs).

– *Spritig* — siehe brandig.

+ *Spritzig* — siehe frisch; früher oft charakteristisch für Moselwein; heute eine allgemein angestrebte Geschmacksnote bei vielen Weinsorten (Rieslingart).

+ *Stahlig* — soll an mit Stahlmesser zerschnittene Früchte erinnern; stahlig liegt zwischen rassig und hart. Junger, lebendiger Wein mit kräftiger, aber reifer

	Säure (meist bei Riesling und rieslingähnlichen Sorten).
O *Standardwein*	Bei wissenschaftlichen Versuchen wird oft ein Vergleichswein eingesetzt.
+ *Stark*	kräftiger Alkoholgehalt, aber noch nicht brandig (vgl. schwer).
– *Staubig*	leichte Trübung, durch feine gerade noch erkennbare Teilchen. Oft feine Weinsteinkristalle.
– *Stechend*	riecht ein Wein, wenn er zuviel freie schweflige Säure (SO_2) enthält. Behandlungsfehler.
O *Steckengeblieben*	Wein, der die natürliche Gärung nicht vollendete und daher noch ein unharmonisches Übermaß an Zucker hat (in der Gärung stecken- oder hängengeblieben); vgl. hängen.
– *Stich*	(Essigstich, Milchsäurestich und dgl.). Nach der betreffenden Säure und den bakteriellen Stoffwechselprodukten schmeckend und riechend. Vgl. kratzig.
– *Stichig*	die Essigsäure im Wein macht sich sehr stark bemerkbar. Der Wein ist krank.
– *Stickig* – *Sticksig*	vgl. Schimmel-, Faßgeschmack.
– *Stielgeschmack*	vgl. Rappengeschmack.
O *Stillwein*	ist ein nur geringfügig kohlensäurehaltiger Wein – im Gegensatz zu Perlwein oder Schaumwein. (Nicht für stillende Mütter!)
+ *Stoff* + *Stoffig*	wie kräftig, voller Körper und Stoff = Extrakt.
– *Stopfengeschmack*	siehe Korkgeschmack (Korkstopfen).
– *Streng*	hervortretender Eigengeschmack, unangenehme »trockene« Eigenart, die vielleicht mit übermäßig langem Faßausbau zusammenhängt (vgl. trocken, aber nicht dasselbe).

O *Strohwein*	auf Stroh künstlich zum Einschrumpfen gebrachte vollreife Trauben, die hochwertige Weine ergeben (wird heute bei uns nicht mehr angewendet).
– *Stumpf*	wie firn, aber noch ohne ausgesprochenes Firnbukett. Der Wein ist fertig, abgelebt; es fehlt völlig an Kohlensäure. Bei sehr sauren Weinen spricht man oft von »stumpfer Säure« (macht die Zähne stumpf). Kommt oft von Überschwefelung oder zu hoher Schwefelsäure, aber auch von anderer unsachgemäßer Behandlung.
O *Stumm-geschwefelt*	Bereitungsmethode der »Süßreserve«.
– *Styrolton*	kann durch Einfluß von mangelhaftem Kunststoff entstehen.
+ – *Südweinartig*	vgl. Sherry. Trifft bei Beerenauslesen zuweilen zu.
+ *Süffig*	Eleganter, aber kleinerer Wein, der sich angenehm trinkt, zum Weitertrinken animiert.
– + *Süß*	Wein hat so viel Zucker, daß er schmeckbar ist. Große Spitzenweine haben oft Edelsüße, Honigsüße. »Süßen« = weinrechtlicher Begriff.
O *Süßabdruck*	das sind aus Rotmaischen (ohne vorherige Erhitzung) abgepreßte Roséweine.
O *Süßreserve*	Süßreserve ist unvergorener Traubenmost mit maximal 1 % vol. vorhandenem Alkohol, der zum Süßen der Weine Verwendung findet.
O *Süßweine*	Südweine; vgl. Dessertweine.
O *Tafelwein*	bestimmte Güteklasse der EG-Weinmarktorganisation.
O *Tannin*	ist ein Schönungsmittel. In manchen Ländern bezeichnet man allerdings den Gerbstoffgehalt des Weines mit diesem Begriff.
O+ *Temperiert*	bei der Weinprobe muß der Wein richtig temperiert sein (Probenglas darf nicht anlaufen).

– *Terpentingeschmack* — typischer Geschmack und Geruch nach Terpentin. Tritt oft bei großen Auslesen im Jugendstadium vorübergehend auf. Kann bei anderen Weinen auch fehlerhaft sein.

+ – *Ton* — Wein hat schönen Ton, betrifft Art. Nebenton = unsauber.

O *Totgeschwefelt* — stark eingeschwefelte Moste; blaßfarbiger Wein mit übermäßig viel Schwefel, hat keine Feinheiten und keine Entwicklung mehr; vgl. überschwefelt.

– *Tot* — toter Wein; alter, abgelebter Wein, bei dem alle wertvollen Geschmacksstoffe wegoxidiert sind (passé); kein Genuß mehr.

– *Tranig* — wenn viele Marienkäferchen an den Trauben waren (Marienkäferton).

– *Treibt* — verspundete Faßweine *drücken* im Sommer (z. Z. der Rebenblüte sehnt sich der Wein nach draußen). Folge der Erwärmung und Ausdehnung des Volumens, u. U. Säureabbau oder Nachgärung und dadurch Kohlensäureentwicklung.

– *Trestergeschmack* — siehe Grasgeschmack, Nachdruck.

– *Tresterig* — wenn Maische zu lange gezogen hat oder wenn Trester zu stark ausgepreßt wurde oder Hinweis für Streckung mit Tresterwasser.

O *Tresterwein* O *(Haustrunk)* — ist ein als Haustrunk verwendeter Nachwein, der durch Auslaugen der frischen Trester mit Wasser unter Zugabe von Zucker hergestellt wird (darf nicht veräußert werden!).

O *Trocken* — Weinbezeichnung nach dem Weinrecht. »Fränkisch trocken« bis höchstens 4 Gramm Zucker pro Liter (nicht gesetzlich definiert); nach EG-Recht bis 9 Gramm Zucker pro Liter (Gesamtsäure + 2).

– *Trocken* — wie schal, matt. Wein ohne Frische, oft mit Faß- und Altgeschmack; meist durch zu langes Lagern im Faß entstanden. Gaumen bleibt »trocken«, wird nicht belebt. Trocken ist mehr den vollen Weinen, schal oder matt den leichten, dünnen Weinen vorbehalten. Bei Schaumweinen ist »trokken« ebenfalls Ausdruck für eine begrenzte Süße.

O *Trockenbeerenauslese*	Beerenauslese, die nur aus den ausgelesenen und für sich gekelterten vollreifen, edelfaulen, *rosinenartig* eingeschrumpften Beeren gewonnen wurde (vgl. Beerenauslese, Edelfäule).
O *Trockenzuckerung*	vgl. angereichert.
– *Trüb*	siehe Schleier, hefig, staubig, milchig, blind. Alte Weine können alterstrüb werden. Meist sind es Farbstoff- und Weinsteinausscheidungen.
+ *Typisch*	der Wein ist für die angegebene Bezeichnung (Herkunft, Jahrgang, Rebsorte, Qualitätsstufe, Erzeuger, Ausbau usw.) besonders klar und deutlich erkennbar. Ein wichtiger Begriff für die Sinnenprüfung im Rahmen der amtlichen Qualitätsweinprüfung. Was »typisch« ist, bestimmen Handelsbrauch und Verkehrssitte.
– *Überhangen*	schmeckt ein Wein, der aus relativ faulen Trauben hergestellt wurde, die bei ungeeigneter (nasser) Witterung zu lange am Stock belassen wurden. Die Säure ist meist gering, der Wein ist hochfarbig und zeigt kaum noch Sortenart.
– *Überschwefelt*	zuviel freie schweflige Säure; vgl. stechend.
– *Überstreckt*	ein solchermaßen bezeichneter Wein ist mit zu hohen Mengen Zuckerwasser angereichert worden. (Zuckerwasserzusatz ist in Franken seit 1970 nicht mehr erlaubt.)
– *Überzuckert*	als *überzuckert* werden Weine bezeichnet, die nicht dem Weinrecht entsprechend zu hoch mit Saccharose angereichert wurden.
+ *Üppig*	meist für Weine verwendet mit hoher Süße, aber auch mit viel »Stoff« (vgl. dick).

– *Umgeschlagen* der Wein ist mehr oder weniger trüb und meist biologisch instabil.

– *Umweltton* Geruchsimmissionen der Umwelt (Fabriken, stark befahrene Straßen, Müllhaldenrauch usw.) können dem Wein einen bestimmten, von der Norm abweichenden Geruch und Geschmack geben.

– *Unartig* vgl. Art.

– O *Unentwickelt* sind Jungweine, die noch nicht ausgereift, nicht fertig ausgebaut sind.

– *Unharmonisch* schmecken Weine, bei denen eine oder mehrere Geschmackskomponenten störend hervortreten, z. B. Säure, Alkohol, Süße, Kohlensäure usw. (vgl. süß-sauer).

– *Unklar* bezieht sich auf Weincharakter, Sortenaroma usw., falls diese nicht charakteristisch, sondern verwischt sind.

– *Unreif* Wein aus unreifem Lesegut. Kleiner, unharmonischer und grüner Wein mit übermäßig viel Äpfelsäure und oft sehr wenig Körper. Wein ist noch nicht genügend ausgereift.

– *Unrein* Wein mit Nebengeruch und Fremdgeschmack, meist fehlerhafte oder kranke Weine.

– *Unruhig* sind Weine mit biologischer Aktivität.

– *Unterschwefelt* Weine mit weniger als etwa 10 mg/l freier schwefliger Säure schmecken oft eigentümlich oxidiert; unter 15 mg/l sind deutsche Weißweine in der Regel nicht haltbar und altern rasch.

Neue Behandlungsverfahren sollen hier Besserung erreichen.

– *Unselbständig* kleine, geringe Weine, die ungezuckert oder unverschnitten kaum trinkbar sind.

– *Unsauber* Wein mit nicht näher definierbarem Nebengeruch und Fremdgeschmack, meist fehlerhafte oder kranke Weine.

– *Untypisch* der Wein ist für die angegebene Bezeichnung nicht typisch (vgl. auch Art).

+ *Vanille-geruch u. -geschmack*	tritt bei Rotweinen der Sorte Spätburgunder zuweilen auf. Stammt aus den Traubenkernen (Vanillin); sonst sortenbedingt.
+ *Varianten-reich*	sind Weine mit viel Aussage.
O *Verbessert*	gezuckert im Sinne des Weingesetzes. Wertangleichung an die Weine guter Jahrgänge. Verbesserte Weine sind keineswegs gepanscht. Sie übertreffen in ihrer Qualität geschmacklich oft den zu alkoholarmen Wein (vgl. angereichert).
– *Verdeckt*	ähnlich verschlossen, zurück (siehe dort). An sich vorhandene Geruchs- und Geschmackskomponenten können verdeckt sein, wenn der Wein lang, zäh ist, zuviel Alkohol hat, zu kalt ist, transportiert wurde, zuviel SO_2 hat usw.
– *Verdorben*	im Sinne des Weinrechts oder der Verkehrssitte kann z. B. ein Wein sein, wenn er zuviel flüchtige Säure hat.
– *Verfälscht*	als *verfälscht* wird ein Wein bezeichnet, dem nicht erlaubte Stoffe irgendwelcher Art zugesetzt wurden (siehe auch unter wässerig und gepanscht).
– + *Verhalten*	das Bukett des Weines ist nicht stark ausgeprägt. Bei Bukettsorten ein Mangel, bei Silvaner hingegen charakteristisch.
– *Verklemmt*	schmecken Weine, die durch negative Beeinflussung (Spritzmittel) sich nicht optimal entwickeln konnten.
– *Versieden* – *Versotten*	durch zu starke Selbsterwärmung (Wärmestau) während der stürmischen Gärung steckengebliebener Wein ohne Blume und Feinheit. Steckengebliebene Weine enthalten zuviel unvergorenen Zucker und schmecken daher oft mostig und gespalten, dazu breit und matt sowie esterig.
– *Verschlagen*	kurz nach dem Ablassen schmeckt der Wein strapaziert und nackt; auch nach Filtration und Abfüllung auf Flaschen. Nach längerem Lager (4–6 Wochen) erholt sich der Wein wieder.

– *Verschlossen*	der Wein ist noch nicht gänzlich entwickelt; das Bukett ist u. U. noch durch zu hohe Schwefelgabe überlagert.
O *Verschneiden* O *Verschnitt (Coupage)* O *Verschnitten*	ist eine wichtige Maßnahme der Kellerwirtschaft. Es werden sachgemäß verschiedene Weine gemischt, um damit die Güte des Weines zu heben.
– *Verwässert*	getaufte Weine; auch verregnetes Lesegut oder unsachgemäße Behandlung. Auch die Art kann »verwässert« sein, z. B. mißglückter Verschnitt.
+ *Voll*	den ganzen Mund ausfüllend, oft schwer und körperreich. Ein voller Wein ist nicht kurz oder spitz, er hat »Schwanz«. Gute Weine sind meist voll, »vollmundig«.
+ *Vollendet*	ein hochwertiger Prädikatswein auf der Stufe der optimalen Reifeentwicklung.
+ *Vollkommen*	nichts daran auszusetzen. Uneingeschränktes Lob für Spitzenweine.
+O *Vollreife*	ist ein »absoluter« Begriff. Spätlesen müssen aus vollreifen Trauben hergestellt sein. Vollreifer Wein.
+ *Volumen* + *Voluminös*	ähnlich wie Körper – körperreich.
– *Wenig Volumen*	wenig Körper, Fülle, Stoff usw..
O *% Volumen*	Grad = Maßeinheit für Alkohol.
– *Vordergründig*	Bukett und andere Weininhaltsstoffe sind spontan wahrnehmbar, aber oft sehr flüchtig.
O *Vorne*	Geschmackswahrnehmung auf der Zungenspitze, oft erster, u. U. nicht lange haftender Eindruck (vgl. auch »hinten«).
+ *Vornehm*	Weine von »vornehmer Art«, meist gute große Weine mit ausgeprägtem Charakter.
O *Wachstum*	vgl. Gewächs, heute nur noch für Weinansprache verwendbar.

+ *Warm*	alkoholreich. Bei gutem Rotwein erforderlicher Geschmackseindruck. Mollig.
– *Wässerig*	ein bei zu starkem Regen geernteter oder irgendwie mit Wasser (ungenügende Abtrennung des Wein-Wasser-Gemisches bei Filtration, unsachgemäße Behandlung des Separators usw.) verdünnter Wein.
+– *Weich*	säurearm, wenig Rasse, meist ausgesprochener Säuremangel.
O *Weinarten*	Weißwein, Rotwein, Roséwein, Weißherbst, Rotling, Schillerwein, Badisch Rotgold, Perlwein.
– *Weinfremd*	Sammelbegriff für Geruchs- und Geschmackskomponenten, die nicht weintypisch sind.
+ *Weinig*	Bezeichnung für gute Weine, »viel Wein«; ähnlich wie *Körper* gebraucht, aber mit Einbeziehung des Alkohols und des Buketts (eigentlich müssen alle Weine »weinig« sein).
O *Weißer Bruch* O *Grauer Bruch*	Fehler mancher Weißweine. Schwächere bis stärkere blauweißliche Trübung. Ursache: Ausscheidung von Eisenphosphat unter dem Einfluß des Luftsauerstoffes; siehe schwarzer Bruch.
O *Weißherbst*	weißgekelterte Moste aus blauen Trauben, vorwiegend aus der Sorte Spätburgunder. Weißweine besonderer Farbe und Art (Bezeichnung für eine Weinart – besondere gesetzliche Vorschriften).
+ *Wuchtig*	schwerer, voller Wein mit großem Körper.
+ *Würzig*	Würzgeschmack. Oft sortenbedingt; würzig sind z. B. viele Frankenweine.
– *Zähe*	Dickflüssigwerden eines Weines. Der Wein zieht Fäden beim Ausgießen. Häufiger bei jungen Weinen (Bakterienschleim). Er läuft ohne Geräusch wie Öl ins Glas. Bei Weinen mit wenig Säure und Obstweinen häufiger.
– *Zähne stumpf machend*	schmeckt ein Wein, der zuviel Schwefelsäure enthält, der z. B. in schwefeltrockene Fässer gefüllt wurde.

+ *Zart*	schmecken Weine von säurearmen Rebsorten, die mit »dienender« Süße ausgestattet sind.
– *Zellstoffgeschmack* – *Zellulosegeschmack*	oder Filtergeschmack, fälschlich auch als »Asbestgeschmack« bezeichnet, kommt im Wein vor, wenn Filterschichten nicht genügend gewässert wurden oder wenn der »Tropfwein« aus den Filterschichten wieder dem Wein zugegeben wird.
– *Zerfallen*	alte Weine zerfallen geschmacklich, d. h. ihre Harmonie fällt auseinander. Abwärtsentwicklung.
– *Zerschlagen*	meist vorübergehender Zustand; der Wein ist entweder durch bestimmte Maßnahmen »durcheinander« oder er ist mißhandelt.
– *Zickend*	der Wein ist zäh, enthält Schleim und riecht und schmeckt zuweilen schwach nach ranziger Butter; dann schwere Bakterienkrankheit (Milchsäure).
– *Zieht*	ähnlich wie grün. Unreife Säure. Zieht den Mund zusammen. Höchst minderwertige Weine.
+ *Zitrusfruchtig*	können die Weine bestimmter Rebsorten schmekken, z. B. Huxelrebe.
O *Zucker*	Wein hat Zucker. Meist im Sinne von zuviel Süße. Unharmonisch; der eine lehnt das ab, der andere hat es gern (vgl. süß).
O *Zuckerrest*	der Zuckerrest kann zwischen 1–20 g/l und mehr betragen. Bei Auslesen liegt er oft bedeutend höher. Immer sollte er harmonisch sein. Seine Höhe hängt mit der Gärführung zusammen (vgl. gezügelt). Die Süße kann aber auch durch Traubenmostzusatz eingestellt werden. Dann ist es aber kein Zuckerrest!
+ *Zukunft*	Wein hat noch Zukunft, wird noch besser auf Lager.
– *Zurück*	Wein ist noch zurück, noch nicht ausgebaut oder ist zu kalt, meist jedoch noch zu unentwickelt.
– *Zusammenziehend*	der Wein ist entweder sehr herb (Gerbstoff) oder hat einen Fehler (Zink), dazu recht sauer (vgl. auch adstringierend).

Fränkische Weinansprache

Dei' Moust it nit schlacht.	=	höchstes Lob für den Wein des Nachbarn.
Dei'n Moust kann mer trink.	=	zweithöchstes Lob.
Dann Moust hast getroff'n.	=	Der Wein ist gut verbessert worden.
Dar Moust it guet.		
Dar Moust it leicht.		
Dar Moust it stark.		
Dar Moust schmeißt nit örst en neunten Tog.	=	Der Wein wirkt schnell – er ist alkoholreich und stark.
Dann Wei kann mer trink, wenn die Fraa im Kindsbett liegt.	=	Lob für einen guten Wein, den man auch allein trinken kann.
Dar Moust ziecht der es Hömm nei.	=	Der Wein ist sehr sauer.
Dar Moust zieht der es Maul zamm.	=	Der Wein ist sehr sauer.
Dar Moust hat a Gschmackla.	=	Der Wein ist nicht ganz reintönig.
Dar Wei hat en Lüftera.	=	Der Wein hat einen Luftgeschmack.
Dar Wei schmeckt nach en Faßla.	=	Der Wein schmeckt nach dem Faß (negativ).
Dar Wei hat en Kömmeter (dar kömmeret).	=	Der Wein hat einen Kammgeschmack (Rappen).
Dann Wei kannst auf'n Foderölla roll.	=	Der Wein ist zähflüssig (Krankheit); man kann ihn aufrollen.
Dar Wei läfft strümpfet.	=	Er läuft ganz leise ins Glas.
Dar Wei hat a Trinkwei-Gschmackla.	=	Der Wein schmeckt nach Tresterwein = Haustrunk.
Dar Wei hat en Ziek.	=	Er ist zickend; er hat flüchtige Säure oder zuviel Milchsäure.

Dein Leuerer kannst selber (allee) trink.	=	Deinen Haustrunk kannst selbst (allein) trinken. (Leuerer von Lora aus dem Lateinischen für Nachwein, Gesindewein.)
Des it halt a Baueremoust.	=	Ein rustikaler, nur notdürftig behandelter Wein aus einem Winzerkeller.
Dar Wei it wie es gschlogena Gold.	=	Er ist goldfarben.
Dar Wei schmeckt wie wenn en a Engela auf die Zung gepießt hätt.	=	Höchstes Lob für einen Wein (schwärmerisch).
Dar Wei it nit mähr waard, daß mer na trinkt.	=	Schnodderige Antwort, auf die Frage, ob der Wein schmeckt.
Schachermoust	=	nicht immer gesetzestreu hergestellter Wein, der nach dem Kriege zu Tauschgeschäften hergestellt wurde.

Erklärung:
In Franken heißt der Wein bis zur neuen Ernte Most; so wie in Österreich »Heuriger«.

Positive Beschreibungen (Fachausdrücke)

Abgang
Abgerundet
Adelig
Angenehm
Anregend
Ansprechend
Aroma
Aromatisch
Art
Artig
Ausdruck
Ausdrucksvoll
Ausdrucksstark
Ausgebaut
Ausgeformt
Ausgeglichen
Ausgereift

Bestechend
Bitzelnd
Blitzblank
Blume
Blumig
Bodengeschmack
Botrytiston
Breit
Brombeer
Bouquet
Bukettreich

Charakter
Charaktervoll

Deftig
Delikat
Dick
Duft
Duftig
Duftreich

Echt
Edel
Edelfäule
Edelfirne
Edelsüße
Edelreife
Ehrlich
Elegant
Entsprechend
Entwickelt
Extraktreich

Fein
Feingörig
Feingliedrig
Fenster
Fett
Fest
Feurig
Finesse
Flackerhell
Flaschenreife
Fordernd
Form
Frisch
Frucht
Fruchtig
Funkelnd
Fülle
Füllig

Gärbukett
Gefällig
Gehalt
Gehaltvoll
Gesund
Geschliffen
Geschmäckle
Geschmeidig
Glatt
Glanz
Glanzhell
Glockenklar
Goldgelb
Groß
Gut

Harmonisch
Herb
Herzhaft
Herrenwein
Herrschaftswein
Honigartig
Hübsch

Jahrgangston
Jung

Kernig
Kirchenfenster
Klotzig
Körperreich
Kräftig

Lagenton
Lagerbukett
Lang
Lebendig
Leben
Lebhaft
Leicht
Lieblich

Mandelgeschmack
Markant
Markig
Massiv
Mild

Mineralisch
Mollig
Musik
Muskatnote

Nase
Nervig
Nett
Nobel
Nuancenreich

Ölig
Opulent

Parfüm
Perlend
Petrolton
Pfirsichnote
Pikant
Prickelnd

Rasse
Rassig
Rauchgeschmack
Reduktiv
Reif
Rein
Reintönig
Rezent
Robust
Rosenduft
Rückgrat
Rund

Saftig
Samtig
Sauber
Schlieren
Schliff
Schmalzig
Schön
Schwarze Johannisbeere
Schwer
Sherrybukett
Sortenbukett
Sortenart
Sortentypisch
Spaniol
Spiel
Spritzig
Stahlig
Stark
Stoff
Stoffig
Südweinartig
Süffig
Süß

Temperiert
Ton
Typisch

Üppig

Vanillegeruch u. -geschmack
Variantenreich
Verhalten
Voll
Vollendet
Vollreife
Vollkommen
Volumen
Voluminös
Vornehm

Warm
Weich
Weinig
Wuchtig
Würzig

Zart
Zitrusfruchtig
Zukunft

Negative Beschreibungen (Fachausdrücke)

Abgebaut
Abgefallen
Abgelebt
Abgestanden
Abgesetzt
Absetzen
Acetaldehyd
Acetongeruch
Adstringierend
Alkoholisch
Alt
Altel
Altersfirne
Angebrannte Milch
Apotheken-geschmack
Arm
Aromaböckser
Aufdringlich
Ausdruckslos
Ausgezogen

Bakteriell negativ verändert
Biologisch negativ verändert
Bissig
Bitter
Bittermandel
Bitzelnd
Blaß
Blausäure
Bläulich
Blind
Böckser
Borstig
Brandig
Brauner Bruch
Grauer Bruch
Schwarzer Bruch
Breit
Brotgeschmack
Brotig
Bruch
Bukettiert
Buttersäure
Butzen

Depot
Disharmonisch
Drückt
Dünn
Dünnlich
Dumpf
Durcheinander
Durchsoffen

Eckig
Essigstich
Esterig
Esterton
Extraktarm

Fad
Farblos
Faßgeschmack
Faßton
Faulig
Faulser
Fehler
Fehlerhaft
Filtriergeschmack
Filtergeschmack
Firn
Flach
Flaschenkrank
Fleischig
Flüchtig
Flüchtige Säuren
Foxton
Fremd
Fremdartig
Fremdartig in Geruch und Geschmack
Frisch
Frostgeschmack
Frostton
Fuchsgeschmack
Fuchsig
Füllkrank

Gärbukett
Gärig
Gebietsfremd
Gebrochen
Gekippt
Gelatineton
Gepanscht
Geranienton
Gerbstoffgeschmack
Geschmäckle
Gekippt
Gespalten
Getrennt
Gestört
Gestreckt
Getauft
Gezehrt
Gör
Grasgeschmack
Grasig
Grauton
Grün

Hagelgeschmack
Hängt
Hart

Harzig
Hefeböckser
Hefegeschmack
Hefig
Herb
Hochfarbig
Hohlgeschmack
Holzgeschmack
Holzig
Hülsengeschmack

Jahrgangston
Jodoformgeschmack
Jung

Käsig
Kahmig
Kammgeschmack
Karamelton
Karbolineum-
geschmack
Karbol
Kerngeschmack
Kieselgurgeschmack
Klein
Körperarm
Korkgeschmack
Kornitolgeschmack
Krank
Krankheiten
Kratzend
Kratzig
Krautig
Kreosotgeschmack
Kuhnig
Kunststoff-
geschmack
Kurz

Lackgeschmack
Lagenton
Laff
Lahm
Leer
Leicht
Lind
Lohegeschmack
Loheton
Luftgeschmack
Luftton

Mager
Maischegeschmack
Mandelgeschmack
Mandelbitter
Mangel
Mannitgeschmack
Matt
Mäuseln
Mäuselnd
Medizingeschmack
Mercaptan-Böckser
Metallgeschmack
Metallisch
Milchig
Milchsäurestich
Milchsäureton
Mineralöl-
geschmack
Mißfarben
Molke
Moussierend
Muffig
Müde

Nachgärton
Nachgetrübt
Nackt
Naphthalin

Obstig
Opalisierend
Oxidationston
Oxidativ
Oxidiert

Pappig
Papierton
Parfüm
Parfümiert
Passé
Pechgeschmack
Pektingeschmack
Perlend
Petroleumgeschmack
Phenolton
phenolisch
Platt
Plump
Prickelnd

Rabauzig
Rahngeschmack
Ranzig
Rapsig
Rauchgeschmack
Rauh
Reicher Duft
Rustikal

Sauer
Sauerampfer
Säuerling
Sauer-süß
Schal
Scharf
Schimmelgeschmack
Schimmelton
Schimmelig
Schimmer
Schleier
Schleimig
Schmierig

Schnapsig
Schwefelböckser
Schwefel
Schwefelig
Schwefelsäurefirne
Schweißig
Seifig
Sherrybukett
Silageton
Spitz
Spritig
Stechend
Stich
Stichig
Stickig
Sticksig
Stopfengeschmack
Streng
Stumpf
Styrolton
Südweinartig
Süß
Süß-sauer

Terpentingeschmack
Ton
Tot
Tranig
Treibt
Trestergeschmack
Tresterig
Trüb (Alterstrüb)

Überhangen
Überschwefelt
Überstreckt
Überzuckert

Umgeschlagen
Umweltton
Unartig
Unentwickelt
Unharmonisch
Unklar
Unreif
Unrein
Unruhig
Unterschwefelt
Unselbständig
Unsauber
Untypisch

Verdeckt
Verdorben
Verfälscht
Verhalten
Verklemmt
Versieden
Versotten
Verschlagen
Verschlossen
Verwässert
Wenig Volumen
Vordergründig

Wässerig
Weich
Weinfremd

Zähe
Zähne stumpf machend
Zellstoffgeschmack
Zellulosegeschmack
Zerfallen
Zerschlagen
Zickend
Zieht
Zurück
Zusammenziehend

Technische oder bezeichnungsrechtliche Ausdrücke

Abendmahlwein
Abfüller
Abgestoppt
Alkohol
Angereichert
Apéritiv
Ausbau
Ausbruch
Auslese

Bewertungs-merkmale
Bauernhell
Bauernwein
Beerenauslese
Beerwein
Bitzler
Blank
Brauser
Bremser
Brut
Bouquetweine

Cabinetweine
Chambriert
Cuvée

Damenwein
Dekantieren
Demi-sec
Dessertwein
Dezent
Diabetikerwein
Doux
Dry
Durchgegoren

Edelgewächs
Edelwein
Eigenart
Eigenbau
Eigengewächs
Eiswein
Erdtrauben
Erdgeschmack
Erzeugerabfüllung
Essenz
Ester
Extrakt

Farbe
Faßwein
Federweißer
Fertig
Flacker
Forciert
Fuméton

Gedeckt
Gespritzter
Gesüßt
Gestoppt
Gewächs
Gezügelt
Gezügelte Gärung
Gezuckert
Grauer Bruch

Halbtrocken
Harmonie
Harzig
Haustrunk
Herabgestuft
Heuriger
Hinten
Hochgewächs

Jungfernwein
Jungwein

Kabinett
Kellerabfüllung
Klar
Klarheit
Klarettwein
Kneipwein
Konsumwein
Koscherer Wein
Körper
Kreszenz
Kultwein

Landwein
Lieblich

Markenwein
Melange
Meßwein
Mistellen
Mostgewicht
Mostig

Nachdruck
Nase
Naturbelassen
Naturrein
Naturtrüb

Originalabfüllung
Originalabzug
Original-Kellerabzug

Perlwein
Prädikatswein
Promille

Qualität
Qualitätswein b. A.
Qualitätsweinprüfung

Restsüße
Restzucker
Rohling
Roseewein
Roséwein
Rotling

Sauser
Säure
Säureabbau
Schoppen
Schorle
Schwarzer Bruch
Sec
Seewein
Spätlese
Spitzengewächs
Standardwein
Steckengeblieben
Stillwein
Strohwein
Stummgeschwefelt
Süß
Süßabdruck
Süßreserve
Süßweine

Tafelwein
Tannin
Temperiert
Totgeschwefelt
Tresterwein
Trocken
Trockenbeeren-auslese
Trockenzuckerung

Unentwickelt

Verbessert
Verschnitt (Coupage)
Verschnitten
Versieden
% Volumen
Vollreife
Vorne

Wachstum
Weinarten
Weißer Bruch
Weißherbst

Zucker
Zuckerrest

»Poetische« Beschreibungen,

die meist bei Weinprobenansagen Verwendung finden (leicht schwärmerisch, sozusagen Kosenamen).

Wein ist der Glättstein des Trübsinns,
Der Wetzstein des Stumpfsinns,
Der Brettstein des Siegers im Schach.
Ja, Wein ist der Meister der Menschen und Geister,
Der Feige macht dreister und stärker, was schwach.
Der Krankes gesund macht,
Blaßwangiges bunt macht,
Verborgenes kund macht
Und Morgen aus Nacht.

(F. Rückert)

Attraktiv
Apart

Bacchussaat
Bekömmlich
Berückendes Spiel
Besonderheit
Bratenwein

Damenwein

Edle Labe
Edler Most
Edler Tropfen
Exzeptioneller Wein
Exzellent
Exotisch
Exquisit

Facettenreich
Farbtupfer
Feinheiten
Feuerwein
Festtagswein
Feuergeist
Finesse
Filigran
Flüssiges Gold
Frohes Gewächs
Fulminant

Ganznahrung
Grandios
Gravitätisch
Gemütserheber
Geistbeflügler
Götterstrahl
Göttertrank

Harmonisches Gesamtbild
Herzensbrecher
Herrenwein
Herrschaftswein

Individualität

Kapitaler Wein
Kapriziös
Kontrapunkt
Köstlich
Kühle Glut

Lebenselixier
Leibtrunk

Mannigfaltig

Nuancenreich

Originalität

Phantastische Kreszenz
Pittoresk
Präsentabel

Rarität
Rebenblut
Rebensaft

Seltenheitswein
Sonnengold
Sonnenkind
Sonnenknabe
Sorgenbrecher
Spezialität
Strahlkraft
Sublimer Frankengeist
Süße Labsal
Süße Labung
Sympathisch

Traubenblut
Traubengold
Trösterwein

Ursprünglichkeit

Variantenreich
Vielgestaltig

Weingerecht
Wein in Vollendung
Weinpalette
Wonnesaft
Wundervoll

Zechwein

Ausbund an Wein
Bacchus-Gabe
Bacchus-Quelle
Befreier des Geistes
Beim Wein geht die Zunge auf Stelzen.
Bestes Faß
Bruder des Eros
Das Leben ist viel zu kurz, um schlechten Wein zu trinken!
Den Wein, den holden
Diesen Wein kann man trinken, wenn die Frau im Kindbett liegt.
Der edlen Frankenrebensaft gibt guten Mut und neue Kraft.
Der Poeten heiliger Geist
Der Saft, der aus der Traube quoll. (Busch)
Der beste Laborant ist immer noch die Sonne. (Heuss)
Der sauberste Geist. (E. T. A. Hoffmann)
Der Traube goldnes Blut
Der Trauben Feuersaft
Der Trinker kennt das Gift, der Abstinenzler die Heilkraft des Weines nicht. (Erwin Heim)
Der Wein erfreut des Menschen Herz. (Ps 104)
Der Wein erhebt die Seele aus der Sklaverei.
Der Wein erhöht uns, er macht uns zum Herrn und löset die sklavischen Zungen. (Goethe)
Der Wein erquickt.
Der Wein ist das gesündeste und zuträglichste aller Getränke.
Der Wein ist der Schlüssel zu manchem Herzen. (Heim)
Der Wein ist die Pforte zum Leben.
Der Wein schenkt Tugend.
Des Weines dunkle Kraft
Des Weines Kraft
Des Königs Arznei
Dieser Wein ist ein Gedicht.
Du sollst den Wein in dir walten lassen, aber als Feuer, nicht als Dunst. (Geibel)
Ein guter Tropfen
Ein Liter Wein ist ein Achtel des Nahrungsmittelbedarfs eines Menschen und neun Zehntel seiner guten Laune.
Ein »Maul« voll Wein.
Er stärkt schwachen Magen, erfrischt matte Kräfte, Traurigkeit scheucht er, alle Müdigkeit der Seele verjagt er, Freude bringt er, den Gefährten facht er die Lust am Gespräch. (Hl. Augustinus)
Erglänzt in seinem Golde
Erheller der Wahrheit
Erleuchter des Verstandes
Erstens Vergnügen, zweitens Rausch, drittens Ekel
Flüssige Sonne
Frankenweine – Krankenweine
Frisch wie ein Sommerregen
Fröhlichkeit und Stärkung gibt der Wein.
Frostschutzmittel für die Seele
Gegengift für alle Pein
Geht wie mit Samtschlappen über die Zunge
Genieße den Tag im Glase Wein.
Geruhsam sei der Halsabstieg.
Geschliffnen Topase vergleich ich sein Gold.
Geschöpf der Erde und der Sonne
Glühender Lebensgeist

Glut des Weins
Guter Wein ist der beste Botschafter.
Held und Zauberer.
Hier gibt es Wein, der schmecket fein. (Kellerrecht Staatl. Hofkeller, Würzburg)
Im Wein ist Poesie.
Im Wein ist Wahrheit.
In dir trink ich Leben, Heimat und Sonne.
In Reben steckt das Leben.
In vino veritas
Jahrhundertwein
Köstliches Naß
Lehrmeister des guten Geschmacks
Leicht wie der Frühjahrswind
Leuchtend Purpurfunkel
Maingold – Feingold
Mit Fleiß und Liebe gepflegt
Nur Götter dürfen trunken sein.
O Wonnesaft der edlen Reben
O Gegengift für jede Pein. (Arndt)
Optimale Bekömmlichkeit
Perlendes Naß
Psychische Stimulans
Rotwein ist für alte Knaben eine der besonderen Gaben. (Busch)
Schade, daß man einen Wein nicht streicheln kann. (Tucholsky)
Schlägt ein Pfauenrad im Munde
So nenne ich euch den Wein:
Ganz rein, doch wie Wasser nicht,
Ganz zart, aber nicht wie Luft,
Ein Geist, aber ohne Leib,
Ein Licht, doch nicht Feuerschein!
Sommerglück und Frühlingsleben
Stoff gewordener Lobgesang
Sublimer Frankengeist
Trank der Labe
Triebfeder beglückender Gedankenflüge
Trostgeschenk der Götter
Urgetränk der Menschheit
Verführerische und betörende Geschmackskomponenten
Vielfalt ergötzt
Vielfältige Erscheinungsformen
Vincit et sanat – er siegt und heilt.
Vitis janua vitae.
Vorgeschmack der Himmelswonnen
Wein für eine Papstmesse
Wein, ein geselliges Ding
Wein ist nach dem Wasser das älteste und natürlichste Getränk.
Wein, Herzblut der Erde
Wein ist der beste Gesellschafter.
Wein steigt zuerst in die schwächsten Glieder.
Wein gibt Ausgeglichenheit, Entspannung und Erholung.
Wein schafft Sympathie für den Nachbarn. (Claudel)
Wein erhebt uns zum Herrn.
Wein mit Ausdruck
Wein, Brücke zwischenmenschlicher Annäherung
Wein erhellt den schattigen Weg der Wahrheit.
Wein ist die Milch der Alten.
Wein ist für Könige, Wasser für Ochsen.
Wein ist Leben.
Wein ist Gottesgabe.

Wein ist Lebenswasser.
Wein läßt das Gespräch wachsen.
Wein erhält Leib und Geist gesund.
Wein ist eingefangener Sonnenschein.
Wein weckt nur die Qualitäten, die in uns ruhen.
Wein löst edlere Empfindungen und vornehmere Gedanken aus. (Rosegger)
Wer Wein trinkt betet;
Wer Wein säuft sündigt! (Heuss)
Wohlklang der Reize des Weines
Wundervoll ist Bacchus' Gabe
Balsam fürs zerrissene Herz. (Schiller)
Zarter Himmelszipfel
Zauberisch vervielfältigte Geruchs- und Geschmacksnuancen
Zerstäubende Sonnenkraft

Der Wein schenkt Freude,
– lockert das Gemüt,
– verbreitet Behaglichkeit,
– bringt Entspannung,
– weckt Frohsinn,
– vertreibt Sorgen
– vermittelt Freundschaft,
– regt den Appetit an,
– würzt das Mahl,
– dient der Gesundheit,
– erhält schlank,
– spendet Erholung,
– stärkt die Schaffenskraft,
– verjagt die Schüchternheit,
– fördert die Geselligkeit,
– hebt die Persönlichkeit,
– löst das Lachen aus.

(Verfasser unbekannt)

Taufnamen des Neuen von 1929 bis 1983

1929 Graf Zeppelin
1930 Krakeeler
1931 Krisling
1932 Ankurbler
1933 Gleichschalter
1934 Volltreffer
1935 Rassereiner
1936 Rekrut
1937 Bomber
1938 Friedenstropfen
1947 Knochenrappler
1948 DM-Hupser
1949 Bundesbruder
1950 Soforthelfer
1951 Sorgentöter
1952 Friedensträumer
1953 Kunrädel
1954 Sonnenlechzer
1955 Sufferäner
1956 Spätzünder
1957 Weltraumstürmer
1958 Mondhupser
1959 Friedenswedler
1960 Überläufer
1961 Hoffnungstropfen
1962 Mauerbrecher
1963 Freudenspender
1964 Sonnenkönig
1965 Seitenspringer
1966 Herbstzauber
1967 Götterfunken
1968 Entspanner
1969 Mondbummler
1970 Haschmich
1971 Sonnenfürst
1972 Olympel
1973 Seelenwärmer
1974 Mutmacher
1975 Sorgenbrecher
1976 Sonnenschlucker
1977 Rentenseufzer
1978 Regentrotzer
1979 Energiesparer
1980 Zungenkuß
1981 Krisendämpfer
1982 Trübsalkiller
1983 Sonnendüser

Idee: Daniel Meininger, Neustadt an der Weinstraße
Durchführung der Wahl: Städt. Verkehrsamt Neustadt an der Weinstraße

Abschätzige Ausdrücke

Aus sonnengeschützten Lagen
Bahndamm-Nordseite
Bahndammriesling
Der Mond scheint in dieser Lage länger als die Sonne.
Dünnoff
Dünnling
Essig
Frißt ein Loch in den Magen; zieht das Hemd rein
Gesöff
Gurkenwasser
Grünling
Harter Knochen
In dieser Lage wächst kein guter Wein – auch wenn tausend Sonnen am Himmel stünden.
Nach Katzenpfoten
Rabauzig
Ranzenbeißer
Sauerampfer
Witwenmacher (kann auch eine Anerkennung für besondere Stärke sein, z. B. beim 1959er).

Auch an diesen abschätzigen Ausdrücken kann man die Bedeutung des Weines in unserem Leben erkennen. Man lausche nur einmal bei den Stammtischgesprächen. Alle Meldungen über den Wein – seien es positive oder negative Schlagzeilen – werden beachtet und »sachkundig« kommentiert.

Daß man einerseits auch früher schon bei der Charakterisierung des Weines überzeichnet hat, zeigt nachstehendes Gedicht von Johannes Trojan. Auf der anderen Seite sind jedoch auch durch standortbewußte Sortenwahl, Verbesserung der Kulturmaßnahmen und der Kellerwirtschaft enorme Fortschritte zum Vorteil der Weinqualität im vergangenen Jahrhundert gemacht worden.

Die 1888er Weine

Von Johannes Trojan

In diesem Jahre am Rheine sind leider gewachsen Weine,
die an Wert nur geringe. Es reiften Säuerlinge;
im Verlauf dieses Herbstes. Nur Herbes bracht er und Herbstes.
Zuviel Regen, zuwenig Sonnenschein, ließen erhofften Segen zerronnen sein.
Nichts Gutes floß in die Tonnen ein.
Der 88er Rheinwein ist leider Gottes kein Wein,
um Leidende zu laben, um Gram zu begraben,
um zu vertreiben Trauer, dazu ist er zu sauer.

An der Mosel steht es noch schlimmer, da hört man nichts als Gewimmer,
nichts als Ächzen und Stöhnen von den Vätern und Söhnen,
den Müttern und Töchtern über den noch viel schlechteren
Ertrag der heurigen Lese. Der Wein ist wahrhaft böse,
ein Rachenputzer und Krätzer, wie unter Gläubigen ein Ketzer.
Wie ein Strolch, ein gefährlicher, im Kreise Ehrlicher.
Unter guten Weinen erscheint er aller Freude ein Feind er.
Aller Lust ein Verderber. Sein Geschmack ist fast noch herber,
als der des Essigs, des reinen. Ein Wein ist's zum Weinen.

Aber der Wein, der in Sachsen in diesem Jahr ist gewachsen
bei Naumburg im Tale der rasch fließenden Saale,
der ist saurer noch viele Male als der sauerste Moselwein.
Wenn du ihn schlürfst in dich hinein, ist dir's, als ob ein Stachelschwein
dir kröche durch deine Kehle, das deinen Magen als Höhle
erkor, drin zu hausen. – Angst ergreift dich und Grausen.

Aber der Grüneberger ist noch viel ärger.
Laß ihn nicht deine Wahl sein. Gegen ihn ist der Saalwein

noch viel süßer wie Zucker. Er ist ein Wein für Mucker.
Für die schlechtesten Dichter und dergleichen Gelichter.
Er macht lang die Gesichter; wie Rasen so grün färbt er die Nasen.
Wer ihn trinkt, den durchschauert es, wer ihn trank, der bedauert es.
Er hat etwas Versauertes, daß es sich nicht läßt mildern.
Und nur schwer ist zu schildern in Worten und Bildern.

Aber der Züllichauer ist noch zwölfmal so sauer
als der Wein von Grüneberg, der ist an Säure nur ein Zwerg
gegen den Wein von Züllichau. Wie eine borstige wilde Sau
zu einer zarten Taube, so verhält sich, das glaube
dieser Wein zu dem Rebensaft aus Schlesien. Er ist schauderhaft.
Er ist gräßlich und greulich, über die Maßen abscheulich.
Man sollte ihn nur auf Schächerbänken den Gästen in die Becher schenken.
Mit ihm nur schwere Verbrecher tränken, aber nicht ehrliche Zecher kränken.

Wenn du einmal kommst in diesem Winter nach Bomst
deine Erfahrung zu mehren und man setzt dich zu ehren
dir heurigen Bomster Wein vor, dann bitt ich dich, sieh dich fein vor,
daß du nichts davon verschüttest und dein Gewand nicht zerrüttest,
weil er Löcher frißt in die Kleider und auch in das Schuhwerk, leider.
Denn dieses Weines Säure ist eine so ungeheure, daß gegen ihn Schwefelsäure
der Milch gleich ist, der süßen, die zarte Kindlein genießen.
Fällt ein Tropfen davon auf den Tisch, so fährt er mit Gezisch
gleich hindurch durch die Platte; Eisen zerstört er wie Watte.
Durch Stahl geht er wie Butter. Er ist aller Sauerkeit Mutter.
Stand halten vor diesem sauern weder Schlösser noch Mauern.
Es löst in dem scharfen Bomster Wein sich Granit auf wie Ziegelstein.
Diamanten werden sogleich, in ihn hineingelegt, pflaumenweich.
Aus Platin macht er Mürbeteig.
Dies vergiß nicht, wenn du kommst in diesem Winter nach Bomst!

Beschreibende Ausdrücke auf Weinpreislisten, Getränkekarten, Weinkarten und bei sonstigen Weinangeboten

Im Sinne des Weinrechts dürfen Beschaffenheitsangaben auf Etiketten, Preislisten usw. ausgedruckt werden. Diese Beschaffenheitsangaben sind allerdings beschränkt auf:

Empfehlung an den Verbraucher

Für den Verbraucher ist die Zulassung von Empfehlungen für die Verwendung des Weines eine wertvolle Information. Eine Unterrichtung ist möglich über

- Speisen, zu denen der Wein gereicht werden kann (z. B. zum Fisch),
- die Art und Weise, den Wein zum Verzehr vorzusetzen (z. B. gekühlt),
- die Behandlung eines Weines mit Bodensatz (z. B. dekantieren)
- die Aufbewahrung des Weines (z. B. kühl lagern),
- die Zulassung des Weines zu religiösen Zwecken.

Kurzangaben zur Geschichte des Weines oder des Abfüllbetriebes:

Zum Beispiel »Gründung der Firma im Jahre...« oder »Weinbau seit...« auf dem gleichen Etikett wie die vorgeschriebenen Angaben. Umfassende Angaben aber nur auf einem Teil des Etiketts, der deutlich von dem Teil mit den vorgeschriebenen Angaben getrennt ist oder auf Zusatzetiketten oder Anhängern.

Geschmacksangaben

a) trocken

Restzuckergehalt höchstens *4 g je Liter* oder höchstens *9 g je Liter,* wobei im zweiten Fall der Gesamtsäuregehalt um 2 g je Liter unter dem Restzuckergehalt liegen muß (Formel: Säure + 2 bis zur Höchstgrenze 9);

b) halbtrocken

Restzuckergehalt um nicht mehr als 10 g/l höher als der in g/l Weinsäure ausgedrückte Gesamtsäuregehalt des Weines und 18 g/l nicht übersteigend (Formel: Säure + 10 bis zur Höchstgrenze 18 g/l); Die Bezeichnung »halbtrocken« darf nur gebraucht werden, wenn der Restzuckergehalt des Weines den für »trocken« festgelegten Wert übertrifft.

c) lieblich und süß

Beide Geschmacksangaben sind (noch) ohne Grenzwert bezüglich des Restzuckergehaltes zugelassen. Es ist jedoch eine Festsetzung des Grenzwertes für »lieblich« im Gespräch; außerdem wird infolge des Wegfalls der Restzuckerbegrenzung (nicht in Franken) über eine *Angabepflicht von Geschmacksangaben für bestimmte Weine* kontrovers diskutiert.

Es hat sich im geschäftlichen Verkehr mit Wein als sehr hilfreich erwiesen, die Weine auch mit beschreibenden Ausdrücken über Aussehen, Geruch und Geschmack und mit Hinweisen auf eventuelle Eignung für bestimmte Speisen näher zu charakterisieren. Daß bei dieser Beschreibung die subjektive Meinung des jweiligen Verkosters und sein persönlicher Qualitätsstandard sich manifestiert, ist klar. Besser wäre da schon die Zusammenfassung der Prüferergebnisse einer größeren Personenzahl. Sachverständige, welche für den Kaufentschluß oft maßgebliche sensorische Gutachten abgeben, die in der Regel nur auf zwei bis fünf Begriffe beschränkt sind, sollen allemal »Vertreter des kritischen Geistes« sein. Der jeweilige Wein soll in seinem Leistungsnachweis die Beschreibung bestätigen. Nur wenn die Fachausdrücke sorgfältig gewählt sind und auch Wesen, Charakter und Qualität der beschriebenen Weine widerspiegeln, haben sie eine Berechtigung und dienen der Wahrheit und Klarheit, der freien, unabhängigen Wahl und somit dem ratsuchenden Käufer.
Schwülstige Formulierungen, sich widersprechende oder synonyme Begriffe sollen ebenso fehlen wie die Empfehlungen zu Speisen, die der Durchschnittsverbraucher nur von Hören oder Lesen kennt.

Da man die Weine bestimmter Rebsorten mit der Art von Früchten oder Blumen vergleicht, muß darauf geachtet werden, daß beispielsweise ein Traminer, der nach Rosen duftet, nicht als »fruchtig« oder ein Riesling mit seiner »Pfirsichfrucht« nicht als »blumig« bezeichnet wird.
Daß ein Wein »weinig« sein muß, ist ebenso selbstverständlich wie er sortentypische Art aufzuweisen hat, da dies ja nach dem Weinrecht vorgeschrieben ist. Man hüte sich also, mit Selbstverständlichkeiten zu werben.
Neben den Geschmacksangaben, wie z. B. »trocken«, ist sicherlich von besonderem Interesse, ob der Wein noch jugendlich frisch oder schon gut gereift und abgelagert ist.
Da bei uns Analyseangaben auf den Preislisten noch nicht üblich sind, könnte für den Kaufentschluß die Angabe »milde Säure« oder »pikante Säure« sowie »kräftiger Körper« oder »gefälliger Zechwein« eine wertvolle Hilfe sein.
Es ist sicherlich schwer, eine ganze Serie von Weinen auf einer Preisliste oder Weinkarte würdig zu beschreiben, ohne allzu viele Wiederholungen zu bringen. Deshalb erheischen die beschreibenden Ausdrücke wegen ihres Beratungswertes und dem Streben nach Wahrhaftigkeit und Allgemeinveständlichkeit auch das Ziel nach künstlerischer Vervollkommung in der Interpretation der Welt der Sinne.

Das 20-Punkte-Schema

Bewertung der Sinnenprüfung
(Anlage 5 zu § 5 Abs. 3 und § 6 der Wein-Verordnung vom 15. Juli 1971 [BGBl. I S. 926])

1. Farbe

Weißwein	Rotwein	Rosé	Rotling	Punkte
blaß	hellrot	hell	hell	0
hochfarbig	braunrot	rot	braunrot	0
hell	rot	rötlich	dunkelrot	1
typisch	typisch	typisch	typisch	2

Mögliche Punkte: 0–2 Mindespunktzahl: 2

2. Klarheit:

	Punkte
blind	0
blank	1
glanzhell	2
Mögliche Punkte:	0–2
Mindespunktzahl:	1

3. Geruch

	Punkte
fehlerhaft	0
ausdruckslos	1
reintönig	2
feiner Geruch	3
Duft und Blume	4
Mögliche Punkte:	0–4
Mindespunktzahl:	2

4. Geschmack:

	Punkte
fehlerhaft	0
unselbständig	1–3
klein, aber selbständig	4–6
harmonisch	7–9
reif und edel	10–12
Mögliche Punkte:	0–12
Mindestpunktzahl:	6

Bemerkung: Ab 31. 12. 1983 für die amtliche Qualitätsweinprüfung nicht mehr gültig.

Bewertung der Sinnenprüfung nach dem 5-Punkte-Schema

gemäß Anlage 5 der Weinverordnung in der neuen Fassung (ab 1. 1. 1984 in Kraft)

1. Sensorische Vorbedingungen

   Die nachfolgenden Vorbedingungen werden auf JA/NEIN-Entscheidung geprüft (zu den Buchstaben a bis e, ob »Typisch für«); dabei bedeutet NEIN den Ausschluß von der weiteren Prüfung.

a) **Rebsorte;** wenn angegeben, aber nicht typisch, kann der Wein ohne Rebsortenangabe zugelassen werden.

b) **Prädikat;** wenn nicht für das beantragte, aber für ein anderes Prädikat typisch, kann der Wein für dieses zugelassen werden.

c) **Bestimmtes Anbaugebiet bzw. Bereich**

d) **Farbe**

e) **Klarheit**

2. Sensorische Prüfmerkmale und Qualitätszahl

a) Punkteskala

Punkte	Intervalle	Qualitätsbeschreibung
5	4,50–5,00	hervorragend
4	3,50–4,49	sehr gut
3	2,50–3,49	gut
2	1,50–2,49	zufriedenstellend
1	0,50–1,49	nicht zufriedenstellend
0		keine Bewertung, d. h. Ausschluß des Weines.

b) Sensorische Prüfmerkmale und Möglichkeiten der Punktvergabe

Prüfmerkmal		**Möglichkeiten der Punktvergabe**									
Geruch	5	4,5	4	3,5	3	2,5	2	1,5	1	0,5	0
Geschmack	5	4,5	4	3,5	3	2,5	2	1,5	1	0,5	0
Harmonie	5	4,5	4	3,5	3	2,5	2	1,5	1	0,5	0

Harmonie ist das Zusammenwirken von Geruch, Geschmack und sensorischen Vorbedingungen. Ihre Bewertung darf gegenüber Geruch und Geschmack um höchstens 1,0 Punkt nach oben abweichen. Sind Geruch und Geschmack unterschiedlich bewertet, so gilt jeweils die höhere Punktzahl.
Jedes Prüfmerkmal ist einzeln zu bewerten und seine Punktzahl niederzuschreiben. Nach Bewertung aller Prüfmerkmale dürfen die niedergeschriebenen Punktzahlen noch korrigiert werden.
Alle Prüfmerkmale sind gleich wichtig (jeweils Gewichtungsfaktor).

c) Mindestpunktzahlen und Qualitätszahl
Die Mindestpunktzahl für jedes einzelne Prüfmerkmal ist 1,5.
Die durch 3 geteilte Summe der für Geruch, Geschmack und Harmonie erteilten Punkte ergibt die Qualitätszahl.
Die Qualitätszahl muß für Weine aller Qualitätsstufen mindestens 1,5 betragen.

Hinweis: Weinsiegel wird erst ab der Qualitätszahl 2,5 verliehen. Fränkisches Gütezeichen ab 3,0 Punkten.

Definitionen aus dem Weinrecht

Alkoholgehalte (Vgl. VO [EWG] Nr. 337/79 (Anhang I)

1. Vorhandener Alkoholgehalt (in % vol.): die Volumeneinheiten reinen Alkohols, die bei einer Temperatur von 20° C in 100 Volumeneinheiten des Erzeugnisses enthalten sind.
2. Potentieller Alkoholgehalt (in % vol.): die Volumeneinheiten reinen Alkohols bei einer Temperatur von 20° C, die durch vollständiges Vergären des in 100 Volumeneinheiten des Erzeugnisses enthaltenen Zuckers gebildet werden können.
3. Gesamtalkoholgehalt (in % vol.): die Summe des vorhandenen und des potentiellen Alkoholgehalts.
4. Natürlicher Alkoholgehalt (in % vol.): der Gesamtalkoholgehalt des betreffenden Erzeugnisses vor jeglicher Anreicherung.
5. Vorhandener Alkoholgehalt (in % mas.): die Masseneinheiten reinen Alkohols, die in 100 Masseneinheiten des Erzeugnisses enthalten sind.
6. Potentieller Alkoholgehalt (in % mas.): die Masseneinheiten reinen Alkohols, die durch vollständiges Vergären des in 100 Masseneinheiten des Erzeugnisses enthaltenen Zuckers gebildet werden können.
7. Gesamtalkoholgehalt (in % mas.): die Summe des vorhandenen und des potentiellen Alkoholgehalts.

Begriffe der chemischen Analyse und der Begutachtung des Weines

Gesamtextrakt
Die Summe der im Wein enthaltenen Stoffe, welche bei der Einengung durch Wärme (Destillation) zurückbleiben (Zucker, nichtflüchtige Säuren, Glycerin, Gerb- und Farbstoffe, Mineralstoffe u. a. m.).

Reduzierende Zucker
Die Summe der verschiedenen Zucker, welche kupferhaltige, alkalische Lösungen zu rotem Kupferoxidul direkt zu reduziern vermögen.

Vergärbarer Zucker
Der Zucker, welcher sich errechnet aus den gesamten reduzierenden Zuckern minus 1,0 Gramm je Liter.

Alkohol-Restzucker-Verhältnis
Dieses drückt die Relation an vergärbarem Zucker zum Alkohol aus (jeweils in g/l).

Freie schweflige Säure
Der Teil der gesamten schwefligen Säure, welcher nicht an bestimmte Bestandteile des Mostes oder Weines gebunden (angelagert) ist.

Gebundene schweflige Säure
Der Teil der gesamten schwefligen Säure, der an Most- oder Weinbestandteile gebunden ist.

Gesamte schweflige Säure
Die Summe aus freier und gebundener schwefliger Säure.

Relative Dichte (oder Gewichtsverhältnis) 20° C/20° C
Das in Dezimalen ausgedrückte Verhältnis der Volumenmasse des Mostes oder Weines bei 20° C zur Volumenmasse des Wassers bei ebenfalls 20° C (d 20/20).

Mostgewicht
Die Zahl, welche angibt, um wieviel Gramm ein Liter Most schwerer ist als ein Liter Wasser bei 20° C (MG = [d 20/20 – 1,000) × 1000).

Oechslegrad (°Oe)
Eine Dimension, in welcher üblicherweise das Mostgewicht angegeben wird (vgl. Mostgewicht).

Sensorik
ist die Weinbewertung mit Hilfe der Sinne. Ähnliche Bedeutung haben auch die Begriffe: Organoleptik, Degustation, Weinkost, Zungenprobe, Sinnenprobe usw.
Bei der fachmännischen Verkostung wird der Wein allerdings nicht hinuntergeschluckt; es soll keine Beeinflussung des Sachverständigen durch den Alkohol gegeben sein.
»Die Geschmacksempfindung ist ein chemischer Vorgang auf nassem Wege, das heißt, daß die schmackhaften Moleküle in einer Flüssigkeit aufgelöst werden müssen, um dann von den Nervenbündeln, Geschmacksknospen oder Sauggefäßen, die das Innere des Schmeckapparates ausfüllen, absorbiert zu werden.« (Brillat Saverin, 1825)

Kurzbeschreibung der Weinarten

(Vgl. § 7 WeinVO)

Weißwein für einen nur aus Weißweintrauben hergestellten Wein.

Rotwein für einen nur aus Rotweintrauben hergestellten Wein, der aus einem rotgekelterten Most hergestellt ist.

Roséwein für einen nur aus hellgekeltertem Most von Rotweintrauben hergestellten Wein (Roseewein).

Weißherbst für einen Wein, der wie Roséwein hergestellt ist, dessen Trauben nur in b. Anbaugebieten gewonnen werden dürfen und der nur aus einer Rebsorte hergestellt und als Qualitätswein oder Qualitätswein mit Prädikat unter Angabe der Rebsorte in den Verkehr kommt.

Rotling für einen Wein von blaß- bis hellroter Farbe, der durch Verschneiden von Weißweintrauben mit Rotweintrauben, auch gemaischt, hergestellt ist.

Perlwein für einen kohlensäurehaltigen Wein mit mindestens 7 Vol% vorhandenem Alkohol, einem CO_2-Druck zwischen 1 und 2,5 bar und einem Gesamtalkoholgehalt von mindestens 9 Vol.%.

Dessertwein (oder Südwein oder Likörwein) sind meist alkoholreiche und sehr süße ausländische Weine. Oft wird Alkohol oder eingedickter Traubenmost zugesetzt.

Die Bezeichnungen **Schillerwein** und **Badisch Rotgold** sind nur für ganz bestimmte Weinarten des b.A. Württemberg bzw. des b.A Baden zulässig.

Definition der Erzeugnisse

(Vgl. VO [EWG] Nr. 337/79 [Anh. II])

1. Frische Weintrauben: die bei der Weinbereitung verwendete reife oder leicht eingetrocknete Frucht der Weinrebe, die mit den üblichen kellerwirtschaftlichen Verfahren eingemaischt oder gekeltert werden kann und die spontan alkoholisch gären kann.

2. Traubenmost: Das aus frischen Weintrauben auf natürlichem Wege oder durch physikalische Verfahren gewonnene flüssige Erzeugnis. Ein vorhandener Alkoholgehalt des Traubenmostes von bis zu 1% vol. wird geduldet.

3. Teilweise gegorener Traubenmost: Das durch die Gärung von Traubenmost gewonnene Erzeugnis mit einem vorhandenen Alkoholgehalt von mehr als 1% vol. und von weniger als drei Fünfteln seines Gesamtalkoholgehalts; bestimmte Qualitätsweine b. A. mit einem vorhandenen Alkoholgehalt von weniger als drei Fünfteln ihres Gesamtalkoholgehalts, jedoch mindestens 5,5% vol., gelten hingegen nicht als teilweise gegorener Traubenmost.

4. Mit Alkohol stumm gemachter Most aus frischen Weintrauben: das Erzeugnis, das
   - in der Gemeinschaft gewonnen wird,
   - einen vorhandenen Alkoholgehalt von mindestens 12% vol. und weniger als 15% vol. aufweist und
   - gewonnen wird, indem ausschließlich von Rebsorten im Sinne des Artikels 49 stammendem, ungegorenem Traubenmost mit einem natürlichen Alkoholgehalt von mindestens 8,5% vol. folgende Erzeugnisse beigefügt werden:
     - entweder neutraler, aus Erzeugnissen der Weinrebe gewonnener Alkohol einschließlich Alkohol, der aus der Destillierung getrockneter Trauben gewonnen wurde mit einem vorhandenen Alkoholgehalt von mindestens 95% vol.
     - oder ein nicht rektifiziertes, aus der Destillation von Wein hervorgegangenes Erzeugnis mit einem vorhandenen Alkoholgehalt von mindestens 52% vol. und höchstens 80% vol.

5. Konzentrierter Traubenmost: der nicht karamelisierte Traubenmost, der
   - durch teilweisen Wasserentzug aus Traubenmost unter Anwendung beliebiger zugelassener Methoden außer der unmittelba-

ren Einwirkung von Feuerwärme so hergestellt wird, daß die – unter Verwendung der in Anhang III der Verordnung (EWG) Nr. 516/77 vorgesehenen Methode – bei einer Temperatur von 20° C auf dem Refraktometer abgelesene Zahl nicht unter 51,9% liegt,

- ausschließlich von Rebsorten im Sinne des Artikels 49 stammt,
- in der Gemeinschaft hergestellt wird und
- aus Traubenmost hervorgegangen ist, der mindestens den natürlichen Mindestalkoholgehalt aufweist, der für die Weinbauzone gilt, in der die Trauben geerntet wurden.

5a) Rektifiziertes Traubenmostkonzentrat: das flüssige, nicht karamelisierte Erzeugnis, das

- durch teilweisen Wasserentzug aus Traubenmost unter Anwendung beliebiger zugelassener Methoden außer der unmittelbaren Einwirkung von Feuerwärme so hergestellt wird, daß die – unter Verwendung der in Anhang III der Verordnung (EWG) Nr. 516/77 vorgesehenen Methode – bei einer Temperatur von 20° C auf dem Refraktometer abgelesene Zahl nicht unter 70,5% liegt. Die Mitgliedstaaten können jedoch für Erzeugnisse, die in ihrem Hoheitsgebiet verwendet werden, eine andere Zahlenangabe zulassen, sofern sie nicht unter 51,9% liegt,
- solchen zugelassenen Behandlungen zur Entsäuerung und Entfernung anderer Bestandteile als Zucker unterzogen worden ist, daß sein in Weinsäure ausgedrückter Säuregehalt nicht höher als 1 g/kg Gesamtzucker und sein Aschegehalt nicht höher als 1,2 g/kg Gesamtzucker liegt,
- einen
  - Gesamtphenolgehalt zwischen 100 und 400 mg/kg Gesamtzucker,
  - einfachen Phenolgehalt nicht unter 50% des Gesamtphenolgehalts,
  - Saccharosegehalt unter 20 g/kg Gesamtzucker aufweist,
- ausschließlich von Rebsorten im Sinne des Artikels 49 stammt,
- in der Gemeinschaft hergestellt wird,
- aus Traubenmost hervorgegangen ist, der mindestens den natürlichen Mindestalkoholgehalt aufweist, der für die Weinbauzone gilt, in der die Trauben geerntet wurden.

Ein vorhandener Alkoholgehalt des rektifizierten Traubenmostkonzentrats von bis zu 1% vol. wird geduldet.

6. Traubensaft: das flüssige, nicht gegorene, aber gärfähige Erzeugnis, das so behandelt wurde, daß des zum Verzehr in unverändertem Zustand geeignet ist, und
a) aus frischen Weintrauben oder Traubenmost
b) durch Rückverdünnung von
- konzentriertem Traubenmost, einschließlich des gemäß Artikel 1 Absatz A Buchstabe c) definierten konzentrierten Traubenmostes,
- konzentriertem Traubensaft
gewonnen worden ist.
Ein vorhandener Alkoholgehalt des Traubensaftes von bis zu 1% vol. wird geduldet.

7. Konzentrierter Traubensaft: der nicht karamelisierte Traubensaft, der durch teilweisen Wasserentzug aus Traubensaft unter Anwendung beliebiger zugelassener Methoden außer der unmittelbaren Einwirkung von Feuerwärme so hergestellt wird, daß die – unter Verwendung der in Anhang III der Verordnung (EWG) Nr. 516/77 vorgesehenen Methode – bei einer Temperatur von 20° C auf dem Refraktometer abgelesene Zahl nicht unter 51,9% liegt.
Ein vorhandener Alkoholgehalt des konzentrierten Traubensaftes von bis zu 1% vol. wird geduldet.

8. Wein: das Erzeugnis, das ausschließlich durch vollständige oder teilweise alkoholische Gärung der frischen, auch eingemaischten Weintrauben oder des Traubenmostes gewonnen wird.

9. Jungwein: der Wein, dessen alkoholische Gärung noch nicht beendet ist und der noch nicht von seiner Hefe getrennt ist.

10. Zur Gewinnung von Tafelwein geeigneter Wein: der Wein, der
- ausschließlich von Rebsorten im Sinne des Artikels 49 stammt,
- in der Gemeinschaft hergestellt wird und
- mindestens den natürlichen Mindestalkoholgehalt aufweist, der für die Weinbauzone festgesetzt ist, in der er hergestellt wurde.

11. Tafelwein: Wein außer Qualitätswein b. A., der
- ausschließlich von Rebsorten im Sinne des Artikels 49 stammt,
- in der Gemeinschaft hergestellt wird,
- nach etwaiger Anwendung der in Artikel 33 genannten Verfahren einen vorhandenen Alkoholgehalt von mindestens 8,5%

vol. – vorausgesetzt, daß dieser Wein ausschließlich aus in den Weinbauzonen A und B geernteten Trauben gewonnen wurde – und von mindestens 9% vol. bei den anderen Weinbauzonen sowie einen Gesamtalkoholgehalt von höchstens 15% vol. aufweist und

– einen als Weinsäure berechneten Gesamtsäuregehalt von mindestens 4,50 g, d. h. von 60 Milliäquivalent je Liter, aufweist.

Für Wein von gewissen noch zu bestimmenden Weinanbauflächen, der ohne Erhöhung des Alkoholgehalts gewonnen wurde und nicht mehr als 5 g Restzucker enthält, kann jedoch die Höchstgrenze für den Gesamtalkoholgehalt auf 17% vol. angehoben werden.

Unter »Retsina«-Tafelwein ist Tafelwein zu verstehen, auf den das in Anhang III Nummer 1 Buchstabe n) genannte önologische Verfahren angewandt wurde.

12. Likörwein: das Erzeugnis, das
 – in der Gemeinschaft hergestellt wird,
 – einen Gesamtalkoholgehalt von mindestens 17,5% vol. sowie einen vorhandenen Alkoholgehalt von mindestens 15% vol. und höchstens 22% vol. aufweist,
 – aus Traubenmost oder Wein, die von bestimmten von den in Artikel 49 genannten Rebsorten stammen und einen natürlichen Alkoholgehalt von mindestens 12% vol. aufweist, wie folgt gewonnen wird:
   – durch Anwendung von Kälte oder
   – durch den Zusatz folgender Erzeugnisse während oder nach der Gärung:
     I. neutralen, aus Erzeugnissen der Weinrebe gewonnenen Alkohols einschließlich Alkohol, der aus der Destillierung getrockneter Trauben gewonnen wurde mit einem vorhandenen Alkoholgehalt von mindestens 95% vol.,
     II. eines nicht rektifizierten, aus der Destillation von Wein hervorgegangenen Erzeugnisses mit einem vorhandenen Alkoholgehalt von mindestens 52% vol. und höchstens 80% vol.,
     III. konzentrierten Traubenmosts oder im Falle bestimmter Qualitätslikörweine bestimmter Anbaugebiete einer noch festzulegenden Liste, bei denen ein solches Verfahren von jeher angewandt wird, eines Traubenmosts, der durch unmittelbare Einwirkung von Feuerwärme kon-

zentriert worden ist, und, abgesehen von diesem Vorgang, der Definition von konzentriertem Traubenmost entspricht,

IV. der Mischung dieser Erzeugnisse.

Bestimmte Qualitätslikörweine einer noch festzulegenden Liste, die aus bestimmten Anbaugebieten stammen, können jedoch aus frischem, ungegorenem Traubenmost gewonnen werden, auch ohne daß dieser einen natürlichen Mindestalkoholgehalt von 12% vol. aufweisen muß.

13. Schaumwein: Mit Ausnahme der Abweichung nach Artikel 48 Absatz 3 das durch erste oder zweite alkoholische Gärung
- aus zur Gewinnung von Tafelwein geeigneten frischen Weintrauben,
- aus zur Gewinnung von Tafelwein geeignetem Traubenmost,
- aus zur Gewinnung von Tafelwein geeignetem Wein,
- aus Tafelwein oder
- aus Qualitätswein b. A.

gewonnene Erzeugnis, das beim Öffnen des Behältnisses durch Entweichen von ausschließlich aus der Gärung stammenden Kohlendioxid gekennzeichnet ist und in geschlossenen Behältnissen bei 22° C einen auf gelöstes Kohlendioxid zurückzuführenden Überdruck von mindestens 3 bar aufweist.

14. Schaumwein mit zugesetzter Kohlensäure: das Erzeugnis, das
- vorbehaltlich Artikel 48 Absatz 3 aus Tafelwein hergestellt wird,
- in der Gemeinschaft hergestellt wird,
- beim Öffnen des Behältnisses durch Entweichen von Kohlendioxid gekennzeichnet ist, das ganz oder teilweise zugesetzt wurde,
- in geschlossenen Behältnissen bei 20° C einen auf gelöstes Kohlendioxid zurückzuführenden Überdruck von mindestens 3 bar aufweist.

15. Perlwein: das Erzeugnis, das
- aus Tafelwein, aus Qualitätswein b. A. oder aus der Gewinnung von Tafelwein oder von Qualitätswein b. A. geeigneten Erzeugnissen hergestellt wird, sofern diese Weine oder Erzeugnisse einen Gesamtalkoholgehalt von mindestens 9% vol. aufweisen,

- einen vorhandenen Alkoholgehalt von mindestens 7% aufweist,
- in geschlossenen Behältnissen bei 20° C einen auf endogenes gelöstes Kohlendioxid zurückzuführenden Überdruck von mindestens 1 bar und höchstens 2,5 bar aufweist,
- in Behältern mit einem Inhalt von höchstens drei Litern abgefüllt ist.

16. Perlwein mit zugesetzter Kohlensäure: das Erzeugnis, das
    - aus Tafelwein, aus Qualitätswein b. A. oder aus zur Gewinnung von Tafelwein oder von Qualitätswein b. A. geeigneten Erzeugnissen hergestellt wird,
    - einen vorhandenen Alkoholgehalt von mindestens 7% vol. und einen Gesamtalkoholgehalt von mindestens 9% vol. aufweist,
    - in geschlossenen Behältnissen bei 20° C einen auf gelöstes Kohlendioxid, das ganz oder teilweise zugesetzt wurde, zurückzuführenden Überdruck von mindestens 1 bar und höchstens 2,5 bar aufweist,
    - in Behältnissen mit einem Inhalt von höchstens drei Litern abgefüllt ist.

17. Weinessig: der Essig, der
    - ausschließlich durch Essigsäuregärung aus Wein hergestellt wird und
    - einen als Essigsäure berechneten Säuregehalt von mindestens 60 g/l aufweist.

18. Weintrub: der schlammige Rückstand, der sich in den Wein enthaltenden Behältern nach der Gärung oder bei der Lagerung absetzt, auch getrocknet; man unterscheidet:
    - den Weintrub mit einem Gesamtalkoholgehalt von 7,9% mas. oder weniger mit einem Trockenstoffgehalt von 25 Gewichtshundertteilen oder mehr,
    - anderen Weintrub.

19. Traubentrester: der gegorene oder ungegorene Rückstand bei der Kelterung von frischen Weintrauben; man unterscheidet:
    - Traubentrester mit einem Gesamtalkoholgehalt von 4,3% mas. oder weniger und einem Trockenstoffgehalt von 40 Gewichtshundertteilen oder mehr,
    - andere Traubentrester.

20. Tresterwein: das Erzeugnis, das
- durch die Gärung von nichtbehandeltem, in Wasser aufgeschwemmtem Traubentrester oder
- durch Auslaugen von gegorenem Traubentrester mit Wasser gewonnen wird.

21. Brennwein: das Erzeugnis, das
- einen vorhandenen Alkoholgehalt von mindestens 18% vol. und höchstens 24% vol. aufweist,
- ausschließlich dadurch gewonnen wird, daß einem Wein ohne Restzucker ein nicht rektifiziertes, aus der Destillation von Wein hervorgegangenes Erzeugnis mit einem vorhandenen Alkoholgehalt von höchstens 86% vol. zugesetzt wird,
- einen Gehalt an flüchtiger Säure von höchstens 2,40 g/l, berechnet als Essigsäure, aufweist.

Weitere Begriffsbestimmungen

(Vgl. Weingesetz vom 14. Juli 1971)

1. Qualitätswein eines bestimmten Anbaugebietes (Qualitätswein b. A.) ist, soweit es sich um inländischen Wein handelt, der Wein, dem aufgrund einer Qualitätsweinprüfung nach § 14 WeinG eine Prüfungsnummer als Qualitätswein (§ 11 WeinG) oder Qualitätswein mit Prädikat (§ 12 WeinG) zuerkannt worden ist.

2. Zur Gewinnung von Qualitätswein b. A. geeigneter Wein ist, soweit es sich um inländischen Wein handelt, der Wein, der

   a) ausschließlich von Weintrauben geeigneter Rebsorten (§ 2 Abs. 2 WeinG) stammt, die in einem bestimmten Anbaugebiet (§ 10 Abs. 6 WeinG) geerntet und unbeschadet des § 5 Abs. 1 WeinG verarbeitet (§ 5 Abs. 2 WeinG) worden sind,

   b) mindestens den nach § 11 Abs. 3 WeinG festgelegten natürlichen Mindestalkoholgehalt aufweist und

   c) dessen vorhandener oder potentieller Alkoholgehalt weder durch Zusatz von konzentriertem Traubenmost noch durch Konzentrierung erhöht worden ist.

Qualitätswein mit Prädikat

(1) Inländischer Wein darf als Qualitätswein mit Prädikat in Verbindung mit einem der Begriffe Kabinett, Spätlese, Auslese, Beerenauslese, Trockenbeerenauslese und Eiswein nur gekennzeichnet werden, wenn ihm das Prädikat auf Antrag unter Zuteilung einer Prüfungsnummer zuerkannt worden ist. Ein Prädikat darf einem Wein nur zuerkannt werden, wenn er die für dieses Prädikat typischen Bewertungsmerkmale aufweist. Wird der Wein mit einem Prädikat gekennzeichnet, ist auf den Behältnissen die Prüfungsnummer hinzuzufügen und die Herkunft mit einer Bezeichnung nach § 10 Abs. 1 Nr. 1 Buchstabe a oder b anzugeben. § 11 Abs. 1 Satz 3 gilt entsprechend.

(2) Das Prädikat Kabinett wird einem Wein zuerkannt, wenn er die Voraussetzungen für die Zuteilung einer Prüfungsnummer nach § 11 Abs. 2 erfüllt und

1. die zur Weinbereitung verwendeten Weintrauben in einem einzigen Bereich geerntet worden sind und der aus ihnen gewonnene Most mindestens den nach Absatz 4 jeweils vorgeschriebenen natürlichen Mindestalkoholgehalt aufgewiesen hat und
2. Zucker nicht zugesetzt worden ist.

(3) Die übrigen Qualitätsweine mit Prädikat müssen zusätzlich aus Lesegut der folgenden Beschaffenheit hergestellt sein:

1. Bei der Spätlese müssen die Weintrauben in einer späten Lese und in vollreifem Zustand geerntet sein.
2. Bei der Auslese dürfen nur vollreife Weintrauben unter Aussonderung aller kranken und unreifen Beeren verwendet werden.
3. Bei der Beerenauslese dürfen nur edelfaule oder wenigstens überreife Beeren verwendet werden.
4. Bei der Trockenbeerenauslese dürfen nur weitgehend eingeschrumpfte edelfaule Beeren verwendet werden. Ist wegen besonderer Sorteneigenschaft oder besonderer Witterung ausnahmsweise keine Edelfäule eingetreten, genügt auch Überreife der eingeschrumpften Beeren.
5. Bei Eiswein müssen die verwendeten Weintrauben bei ihrer Lese und Kelterung gefroren sein.

(4) Die natürlichen Mindestalkoholgehalte für Qualitätsweine mit Prädikat werden entsprechend § 11 Abs. 3 mit der Maßgabe festgesetzt, daß die natürlichen Mindestalkoholgehalte nach dem Prädikat abgestuft werden. Sie dürfen in der Weinbauzone A nicht unter 9,5 Volumenprozent, in der Weinbauzone B nicht unter 10,0 Volumenprozent liegen. Bei Rebsorten mit spätreifenden Trauben darf für bestimmte Rebflächen der natürliche Mindestalkoholgehalt in der Weinbauzone A bis auf 9,1 Volumenprozent, bei Weinen der Rebsorten Riesling und Elbling der bestimmten Anbaugebiete Mosel–Saar–Ruwer, Mittelrhein und Ahr auf 8,5 Volumenprozent herabgesetzt werden. Der natürliche Mindestalkoholgehalt für Eiswein muß mindestens dem im jeweiligen Anbaugebiet für das Prädikat Beerenauslese festgesetzten Mindestalkoholgehalt entsprechen.

(5) Beerenauslesen, Trockenbeerenauslesen und Eiswein gelten als Wein, wenn sie mindestens 5,5 Volumenprozent vorhandenen Alkohol enthalten. Die übrigen Qualitätsweine mit Prädikat müssen mindestens 7 Volumenprozent vorhandenen Alkohol aufweisen.

(6) §11 Abs 5 gilt entsprechend.

(7) Nicht abgefüllter Wein darf vor Zuteilung einer Prüfungsnummer als zur Prüfung als Qualitätswein mit Prädikat angemeldet nur gekennzeichnet werden, wenn der für die Prüfung zuständigen Behörde die erforderlichen Angaben über die Erfüllung der Voraussetzungen nach § 11 Abs. 2 Nr. 1, 2 und 4, Abs. 2 Nr. 1 und 2 und Abs. 3 glaubhaft gemacht worden sind und zu erwarten ist, daß die Voraussetzungen des § 11 Abs. 2 Nr. 3 bei der Abfüllung erfüllt sein werden. Dabei kann das beantragte Prädikat angegeben werden. Die Sätze 1 und 2 gelten nicht, wenn der Wein aus dem Inland verbracht oder offen ausgeschenkt wird.

(8) Qualitätsweine mit dem Prädikat Kabinett dürfen nicht vor dem auf die Ernte der verwendeten Trauben folgenden 1. Januar, andere Qualitätsweine mit Prädikat nicht vor dem auf die Ernte der verwendeten Trauben folgenden 1. März abgefüllt abgegeben werden.

Erzeugnisse im Sinne des Gesetzes sind die in Anhang II der Verordnung (EWG) Nr. 337/79 aufgeführten Erzeugnisse sowie zur Gewinnung von Qualitätswein b. A. geeigneter Wein, Qualitätswein b. A., weinhaltige Getränke, Branntwein aus Wein, Weindestillat, Weinalkohol und Rohbrand aus Wein oder Brennwein.

Herstellen im Sinne des Gesetzes ist jedes Behandeln, Verschneiden, Fertigstellen und jedes sonstige Handeln, durch das bei einem Erzeugnis eine Einwirkung erzielt wird. Lagern ist Herstellen nur, soweit dieses Gesetz oder eine nach diesem Gesetz erlassene Rechtsverordnung das Lagern für erforderlich erklärt oder soweit gelagert wird, um dadurch auf das Erzeugnis einzuwirken.

Behandeln im Sinne des Gesetzes ist das Zusetzen von Stoffen und das Anwenden von Verfahren.

Zusetzen im Sinne des Gesetzes ist das Hinzufügen von Stoffen mit Ausnahme des Verschneidens. Zusetzen ist auch das Übergehen von Stoffen von Behältnissen oder sonstigen der Herstellung, Abfüllung oder Lagerung dienenden Gegenständen auf ein Erzeugnis, soweit nicht im Gesetz oder in einer nach dem Gesetz erlassenen Rechtsverordnung bestimmt ist, daß ein solches Übergehen nicht als Zusetzen gilt.

Verschneiden im Sinne des Gesetzes ist das Vermischen von Erzeugnissen miteinander und untereinander, es sei denn, daß im Gesetz oder in einer nach dem Gesetz erlassenen Rechtsverordnung das Vermischen als Zusetzen geregelt ist.

Abfüllen im Sinne des Gesetzes ist das Einfüllen in ein Behältnis, dessen Rauminhalt nicht mehr als fünf Liter beträgt und das anschließend fest verschlossen wird.

Verwerten im Sinne des Gesetzes ist jedes Verarbeiten oder Zusetzen eines Erzeugnisses zu einem Lebensmittel, das kein Erzeugnis ist.

Inverkehrbringen im Sinne des Gesetzes ist das Anbieten, Vorrätighalten zum Verkauf oder zu sonstiger Abgabe, Feilhalten und jedes Abgeben an andere.

Als Inland im Sinne des Gesetzes gilt der Geltungsbereich dieses Gesetzes.

Die sensorischen Erlebnisse beim Weingenuß

Die Kunst, Wein zu genießen, will erlernt sein.
Beim Trinken wie bei der fachlichen Weinprobe spielen fast alle Sinneseindrücke und Empfindungen eine Rolle.

1. Das Auge

Das Aussehen des Weines ist für die Einstimmung und für die Beurteilung sehr wichtig. Ein blasser, blinder oder hochfarbiger Wein animiert nicht. Zudem signalisiert die Farbe – das Aussehen – dem Fachmann bereits wertvolle Informationen. Ein grünlich-gelber Riesling, ein weizenstrohfarbener Silvaner, ein rubinroter Spätburgunder oder ein zwiebelschalenfarbener Weißherbst fördern die Lusterwartung vor dem Trinken.

2. Der Geruch

Der Geruch ergänzt die optischen Eindrücke. Beim Wein wird der Geruch zu einem zentralen, bewußten Erlebnisbestandteil des Genusses. Der Kenner kann durch die Differenziertheit des Geruches die grobsinnlichen optischen Eindrücke verfeinert beurteilen. Der Geruch geht stark in das Erleben des Weines ein, da er in innerer Verschränkung mit dem Geschmackssinn steht. Auch nach dem Trinken wird der Geruch noch wahrgenommen, da Mund- und Nasenraum eng verbunden sind. Die Körperwärme trägt dazu bei, die Duftstoffe freizusetzen. Beim Wein werden insbesondere die blumigen, würzigen und fruchtigen Gerüche geschätzt.

3. Der Geschmack

Der gute Geschmack ist die Kunst, Kleinigkeiten zu empfinden. Bekanntlich registrieren die Geschmacksknospen der Zunge nur die vier Grundqualitäten: süß, sauer, salzig, bitter. Als Mischgeschmack kann man noch den alkoholischen Eindruck feststellen. Der flüchtige Verkoster wird beim Wein vor allem die Geschmacksqualitäten süß und sauer registrieren, während der »Kenner« eine Fülle von Weininhaltstoffen wahrzunehmen und auch zu deuten weiß. Die Intensität der Geschmacksempfindung ist abhängig von der Konzentration der Geschmacksstoffe, der Einwirkdauer, der Größe der gereizten Fläche und dem Zusammenwirken von Geruch und Geschmack. Daher ist die Trinktechnik wichtig. Die Einwirkdauer muß genügend lang sein, und die gereizte Fläche im Mund muß durch zweckmäßige Zungenbewegung vergrößert werden. Der Weintrinker wird in sich hineinlauschen, um das Äußerste der Geschmackseindrücke zu erfahren (Nachgeschmack).
Muskelempfindungen, die beim Kauen und Schlucken entstehen, dürfen beim Trinken nicht übersehen werden. Das Schlucken wird zur Verlängerung des Genusses verändert, verlangsamt. Auch die Gehörsempfindungen wie das Gluckern beim Einschenken oder der Klang der Gläser gehören zum lustvollen Trinken. Doch sollte das Schlürfen beim Weintrinken nicht übertrieben werden. Die Nachwirkungen des Weingenusses sollen sich in einem positiven Gemütszustand und körperlichem Wohlsein äußern. Im Nachgeschmack und in der Nachwirkung sowie im Nacherleben soll erst die Hauptlust des Weingenusses liegen.
Die Kunst des Probierens ermöglicht die Eigenschaften eines Weines zu ergründen.
Bei einer Weinprobe wird das Trinken als bloßes Durstlöschen in den Hintergrund gedrängt. Die Trinkhandlung dient vornehmlich dem differenzierten Geruchs- und Geschmackserlebnis. Beim Probieren wird der Wein nicht motorisch geschluckt, sondern er verweilt längere Zeit auf der Zunge und im hinteren Mundraum; der Wein wird

Schlückchen für Schlückchen verkostet. Bei der fachlichen Probe darf der Wein allerdings nicht geschluckt werden!

Das gierige Trinken ist bei einer Weinprobe ebenso verpönt wie allzu theatralische Kau- oder Schmatzbewegungen (Trinkkultur!).

Beim Geruch und Geschmack treten beim Essen und Trinken deutliche Anpassungserscheinungen auf. Man gewöhnt sich an den bestimmten Geschmack (auch Geruch) eines Getränkes und nimmt seine Eigenarten nicht mehr in der ursprünglichen Prägnanz wahr; der Genuß ist dann nicht mehr so intensiv. Die gängige Faustregel heißt daher, daß »der erste Schluck am besten schmeckt«.

Der Genießer versucht, mit Trinkpausen und Geschmacksneutralisierungen den ursprünglichen Genuß wiederherzustellen. Andererseits gibt es aber auch Weine – insbesondere die trockenen –, die sich erst nach einigen Schlucken erschließen.

Deswegen werden trockene Weine bei einer Weinprobe in der Regel auch an den Anfang gesetzt, wenn sich die Sinne noch nicht so sehr an die Süße gewöhnt haben.

Auf der anderen Seite verwendet man wieder gerne einen trockenen Wein als »Nachtrunk«.

4. Der Tast- bzw. Berührungssinn

Dieser wird nur unterschwellig wahrgenommen. Doch spielen die Berührungsreize beim Ansetzen des Trinkglases an die Lippen eine große Rolle. Die Dicke des Glases, seine Farbe, Klang und Wölbung beeinflussen nachhaltig das Geschmackserlebnis.

5. Der Temperatursinn

Beim Wein ist die Trinktemperatur sehr wichtig, da er nur in einem sehr engen Toleranzbereich richtig gut schmeckt. In diesem optimalen Temperaturbereich entfaltet er seine charakteristischen Geruchs- und Geschmackseigenarten. Je kälter der Wein ist, um so weniger Duftstoffe werden freigesetzt. Ein eiskaltes Getränk läßt auch die Geschmackssinne ertauben. Die Temperatur ist also ein Geruchs- und Geschmackstransporter (vgl. Dieter Uhr, Alles über den Durst).

Verhaltensempfehlungen für den Umgang mit Wein

Für den Weinkonsumenten

Nie mehr trinken als man mit Anstand vertragen kann.
»Wein will nicht getrunken sein wie Bier im wilden Wellenschlag durststillender Schlundvergnüglichkeit, sondern im Allmählichkeitstempo molliger Schlürflust.«
(Weinhändler Witter, Neustadt an der Weinstraße)

Für die Teilnehmer einer Weinprobe

Dankbarkeit ist die höchste Tugend des Weintrinkers. Bei jeder Probe ein Vaterunser lang innehalten.

Für die Weinsachverständigen

Immer bescheiden sein.
Nicht an die eigene Unfehlbarkeit glauben. Immer tolerant sein. Jedoch auch kritische Distanz halten. Den eigenen Qualitätsstandard immer wieder überprüfen; denn kein Wein ist so gut, daß er nicht einen Kritiker finden und kein Wein ist so minder, daß er nicht einen Fürsprecher finden würde.

Leitfaden für die Durchführung einer Verkaufs-Weinprobe

Sachlich und objektiv durchgeführte Weinproben bieten nicht nur eine wertvolle Überschau über die Weine eines Gebietes bzw. Betriebes, es kommt ihnen auch ein hoher erzieherischer Wert zu.

Technische Einrichtungen

Der Probierraum – er soll gut belichtet, durchlüftet, temperiert und lärmgeschützt sein. Eine geschmackvolle Einrichtung in ruhigen Farben soll Weinatmosphäre ausstrahlen. (Keine weinfremden Artikel hier lagern.)

Das Weinglas – es muß farblich klar und durchsichtig sein. Zu bevorzugen ist ein Stengelglas, das nach der Mitte zu bauchig ausschwingt und oben sich wieder verjüngt (Römerglas). Das Glas muß einen guten Klang abgeben. Der obere Rand muß »lippensympathisch« und ohne Beschädigung sein.

Der Wein

Die richtige Temperierung – Weißweine bei etwa 12–15° C; Rotweine bei etwa Zimmertemperatur probieren.
Die Temperatur des Weines sollte nicht schnell eingestellt werden.

Probenfolge

Zunächst die Rotweine und die trockenen Weißweine, dann nach Qualitätsgruppen getrennt, die neutralen Sorten und die Bukettsorten. Mit den süßesten Weinen enden.

Forderungen an den Probenbesprecher

Weinverständnis, Takt, Selbstzucht, Höflichkeit und Freundlichkeit (wer nicht zu lächeln versteht, braucht seinen Laden erst gar nicht aufzumachen), Korrektsein, Pünktlichkeit, Charakter zeigen, an sich selbst glauben, die äußere Erscheinung pflegen. Lächeln – nicht grinsen! Kein übersteigenes (fachliches) Selbstbewußtsein!

Durchführung der Probe

Gute Vorbereitung; das »Was« und das »Wie« des Erzeugnisses (einschließlich der Daten) bis zu den Vorteilen klar herausstellen; nur von dem sprechen, was man genau weiß; sich auf das Publikum einstellen (auch in der Sprechweise und in der Kleidung); korrekt demonstrieren; möglichst nur über das sprechen, was die Anwesenden interessiert; nicht umständliche und komplizierte Erklärungen abgeben; klar und ehrlich argumentieren; die Stimmung des Publikums beobachten und sich umgehend darauf einstellen. Gemeinsamkeit herstellen.

Die Weinansprache

Man versteht unter der Weinansprache die sprachliche Hervorhebung aller Dinge, die mit der Weinqualität und der Besonderheit des Weines als gehobenes Getränk im unmittelbaren Zusammenhang stehen. Die Ausdrücke sind meist der Umgangssprache entnommen, oft sind es vergleichende Begriffe, manchmal aber auch Spezialausdrücke, die – wie z. B. »Botrytiston« – aus dem Weinbau übernommen sind. Die Weinfachsprache kann natürlich nur soweit Geltung besitzen, als die Sinneseindrücke, die man beschreiben will, tatsächlich von jedem gleich empfunden werden. Deshalb: nichts in den

Wein hineingeheimnissen und hineinheimsen! Kein überzogenes, unverständliches »Fachchinesisch«! Klare Begriffe verwenden! Auf übertriebene Verherrlichung des Weines verzichten! Die eigenen subjektiven Empfindungen nicht aufdiktieren! Eine Verkaufs-Weinprobe muß die Aufmerksamkeit steigern, das Interesse und das Verlangen nach bestimmten Weinen wecken und schließlich den Entschluß zum Kauf auslösen.

Der Text wurde erarbeitet unter Verwendung von Arbeiten der Herren H. Schmalz, Dr. Jakob und E. Klenk sowie Prof. Vogt.

Literaturverzeichnis

Puls, Ernst: »Die Weinkostprobe«, Weinblatt Bücherei. 1943.

Klenk, Ernst: »Die Weinbeurteilung«, Eugen Ulmer, Stuttgart. 1972.

Troost und Wanner: »Weinkostprobe«, Verlag Sigurd Horn, Frankfurt. 1955.

Heim, Erwin: »Worte und Sprüche um den Wein«, Verlag Erwin Heim, Weinsberg. 1974.

GEWA-Druck: »Kleines Lexikon der Weinbeschreibung«. 1978.

Dr. Jakob, Ludwig: »Lexikon der Önologie«, Meininger Verlag, Neustadt an der Weinstraße. 1979.

Uhr, Dieter: »Alles über den Durst«, Verlag Meininger. 1979.

Leitfaden für die Durchführung von Weinproben bei gesellschaftlichen Anlässen

In Deutschland und besonders in den Weinbaugebieten werden immer häufiger bei den verschiedensten fachlichen und gesellschaftlichen Anlässen Weinproben veranstaltet.
Diese Weinproben laufen meist nach einem mehr oder weniger gleichen Schema ab.
Acht bis zwölf Weine werden in steigender Süße und Qualität von verschiedenen Sorten und Jahrgängen von einem Probenansager in rund zwei bis drei Stunden dem Publikum vorgestellt.

> Keinesfalls erhöhe man die Probenzahl zu sehr, denn oft hört man nach Weinproben den Satz: »Weniger wäre mehr gewesen.«

Wie nun die Probe ankommt, hängt zumeist weniger von den Weinen ab. Vielmehr ist das Gelingen hauptsächlich von den Besuchern der Weinprobe beeinflußt.
Natürlich kommt es auch darauf an, welche Speisen bzw. Neutralisationsmittel zur Probe gereicht werden.
Wichtig ist ebenfalls, ob der Probenansager akustisch verstanden wird und ob er den Weg zu den Herzen der Weinprobierenden findet. Die Ausführungen müssen dem Interesse der Gruppe oder der Gesellschaft entsprechen. Man kann beispielsweise keine schöngeistige Dichterlesung der weinbeflügelten Spätromantiker den Teilnehmern eines Betriebsausflugs oder eines Kegelklubs zumuten, die diese Weinprobe als Abschluß des Tages eingeplant haben; diese warten eher darauf, ein paar deftige Weinanekdoten zu hören oder kräftig sich unterhalten zu können.

Nicht selten findet man bei den Probenansagern den Trend zur Verherrlichung des Weines, der die Begriffe der Weinsprache übersteigert und ein poetisch verbrämtes Bild entstehen läßt. Der witzige Einfall (Gag) und die Unterhaltung treten mehr und mehr in den Vordergrund, der Probenbesprecher wird schließlich zum »Weinconferencier«. Solange die Ansage auf »schlüpfrige« oder vulgäre Witze verzichtet, kann die unterhaltende Probenansage durchaus dem Wunsche des Publikums entsprechen. Selbst in Anbetracht der in der Regel gehobenen Stimmung sollten Sitte und Anstand gewahrt bleiben; denn sonst ginge man an dem eigentlichen Zweck einer Weinprobe vorbei. Eine Weinprobe ist kein Bacchanal. Trotz der verständlichen Begeisterung für den guten Wein sollte der Probenbesprecher die kritische Distanz nicht verlieren. Der Wein braucht immer ein waches »Weingewissen«.

Der Wein, als Brücke zwischenmenschlicher Annäherung und Beziehungen, ermöglicht Distanz vom Alltag zu gewinnen; diese Distanz wird durch mehr als bloße alkoholisierende Entrückung erreicht. Das Bedürfnis nach Unterhaltung, Sinnengenuß und Weinkunde wird in einer so kultivierten Freizeitbeschäftigung, wie einer stilvollen Weinprobe, in hohem Maße ermöglicht und in der Regel auch befriedigt. Der Probenansager soll den Hintergrund des Weines, seine Besonderheit, ausleuchten; denn ohne diese Kenntnisse ist echtes Weinerlebnis nicht möglich.

Weinproben müssen vom Veranstalter sorgfältig vorbereitet werden. Die Probenfolge ist möglichst schriftlich auszulegen. Die Weine sollten einheitlich temperiert sein und nach dem Öffnen vorverkostet werden (Korkgeschmack). Für das Weineinschenken sind genügend Personen vorzusehen. An die Gläser sind hohe Ansprüche zu stellen (keine zylindrischen Probierbecher verwenden). – Vgl. im übrigen das unter dem Titel »Verkaufs-Weinprobe« Ausgeführte.

Als Muster einer geselligen Weinprobe mit Informationscharakter sollen nachstehende Probenansagen dienen.

Beispiel einer Probenansage

beim geselligen Abend des Landkreisverbandes Bayern in Bad Kissingen am 6. April 1978

Probenbesprecher: Bernhard Weisensee, Fachberater des Bezirks Unterfranken für Kellerwirtschaft.

Hinweis: Die Probe wurde nicht in steigender Qualitätsfolge gestellt, da kein Meinungswettbewerb hinsichtlich des besten Weines stattfand.

1. 1977er Großostheimer Reischklingeberg
Müller-Thurgau, Qualitätswein
A.P.Nr.: 1026-002-78
Deutsches Weinsiegel
Weingut – Weinkellerei A. Kapraun, Großostheim

Gesamtalkohol: 89,8, Restzucker: 5,9, Gesamtsäure: 7,0 (jeweils Gramm im Liter)

Guter Wein ist der beste Diplomat, sagte schon vor 180 Jahren der französische Diplomat Tallayrand!
Und diese Ansicht haben auch die Veranstalter dieser heutigen Weinprobe.
Unser erster Wein ist als Durstbremse gedacht, und er ist nichts für verweichlichte Bettflaschenschwärmer, sondern für Männer mit Rückgrat!

Wein ist für die Könige, Wasser für die Ochsen!

Franken ist eines der traditionsreichsten Weingebiete Deutschlands und war viele Jahrhunderte hindurch auch das größte. Im Mittelalter gab es Zeiten, da vierzigtausend Hektar des Frankenlandes mit Reben bepflanzt waren. Mit den wachsenden Ansprüchen und dem Beginn der Selektion der einzelnen Rebsorten ging der Weinbau in den wenig geeigneten Flachlandgebieten zurück. Um die Mitte des vorigen Jahrhunderts betrug die Anbaufläche ungefähr 10000 Hektar, um 1950 2200. Zur Zeit sind es rund 4000 Hektar.
Mit dem Namen »Weinland Franken« bezeichnet man heute das Gebiet um den Mainlauf und seiner Nebenflüsse zwischen dem Westhang des Steigerwaldes und dem Spessart, dazu noch einige Ortschaften wie Hörstein und Michelbach, wo hervorragende Rieslinge wach-

sen. Auch in Mittelfranken wird noch auf rund 170 Hektar Weinbau betrieben.

»Frankenweine – Krankenweine«, ein geläufiger Spruch, geprägt von der berühmten Benediktinerin Hildegard von Bingen um das Jahr 1170, nachdem Franken angeblich durch intensiven Weingenuß sogar von der Pestseuche verschont geblieben war.

Wie dem auch sei – die fränkischen Muschelkalk-, Keuper- und Buntsandsteinweine gehören eindeutig zu den Spitzenweinen Deutschlands. Entsprechend der Schwere des Bodens haben sie einen charakteristischen Erdgeschmack, sind besonders trocken, klar, kernig, belebend, erfrischend, geist- und appetitanregend. Diese Meinung vertrat anscheinend auch der Herr Geheimrat Goethe. Er schrieb im Jahre 1806 ungeduldig an Christiane: »Sende mir noch einige Würzburger, denn kein anderer Wein will mir schmecken, und ich bin verdrießlich, wenn mir mein Lieblingstrank abgeht.«

Die Arbeit in den fränkischen Weinbergen erfordert besondere Sorgfalt und ungewöhnlichen Zeitaufwand. Deshalb sind auch unsere Weine meist teurer als Weine anderer Gebiete. Doch es ist ein gut angelegtes Geld. Wie gesagt: für alle unverwechselbar, für viele das Beste.

2. 1977er Zeiler Mönchshang

Müller-Thurgau, Qualitätswein
A.P.Nr.: 6009-007-77
Rudolf Weigmann, Weingut, Zeil

Gesamtalkohol: 87,1, Restzucker: 4,5, Gesamtsäure: 8,0 (jeweils Gramm im Liter)

Nichts macht mit der Landschaft vertrauter,
als der Genuß der Weine,
die auf ihrer Erde gewachsen
und von ihrer Sonne durchleuchtet sind. (Ernst Jünger)

Wir probieren einen Müller-Thurgau-Wein, der auf kräftigem Boden in Zeil gewachsen ist. Mit der Sorte Müller-Thurgau ist fast 50% der fränkischen Rebfläche bestockt.

Nur den weisen Zecher lädt Bacchus zum Frankenwein.
Weinproben sind der Weine stolze Parade.
Sie sind eine Gnade, die Gott Sterblichen gibt,
Die er als Kenner und Zecher liebt.

Eine Weinprobe ist keine Stätte trunkener Fröhlichkeit und bacchantischer Ausgelassenheit und ermangelt auch der Liderlichkeit, wie von saftlosen Asketen immer wieder geargwöhnt wird.
Sie haben schon gemerkt, diese Weinprobe gibt viel, sie fordert aber auch. Unaufmerksame oder streßgeplagte Verkoster werden vielleicht am Sinn dieser Probe vorbeigehen, man könnte sie nur bedauern. Auf der anderen Seite möchte ich aber auch nicht die Schwellenangst vor dem Weingenuß bei sensiblen Menschen vergrößern. Nüchternen Wassertrinkern – sofern solche überhaupt hier sind – möchte ich aber auch nicht zu einem moralischen Schluckauf verhelfen.
Meine subjektiven Äußerungen sollen lediglich den Hintergrund der Weine etwas beleuchten; denn Weinverständnis setzt Kenntnis der Besonderheit des jeweiligen Weines voraus.

3. 1976er Bergtheimer Harfenspiel
Müller-Thurgau, Spätlese
A.P.Nr.: 3035-008-77
Frankenweinmedaille in Gold
Weingut Manfred Schmitt, Bergtheim

Gesamtalkohol: 118,2, Restzucker: 16,2, Gesamtsäure: 5,0 (jeweils Gramm im Liter)

Der Landkreis Würzburg präsentiert heute von einer ganz neugeschaffenen Rebanlage einen Spätlese-Wein. Duft, Fülle und Nachhaltigkeit sind die herausragendsten Komponenten dieser Spätlese.
Abraham a Santa Clara, der Prediger der Pest- und Türkenzeit sagte:

»Der Wein ist eine Medizin,
wann er aber ohne Manier genommen wird,
ist er oft Gift.
Der Wein ist eine Erquickung des Herzens,
wann er aber ohnmäßig genossen wird, ist er ein
Tod der Seele.«

4. 1976er Segnitzer Pfaffensteig
Silvaner, Spätlese
A.P.Nr.: 4308-009-77
Weingut Kreglinger, Segnitz

Gesamtalkohol: 95,8, Restzucker: 3,7, Gesamtsäure: 6,2 (jeweils Gramm im Liter)

Dieser Wein ist an der südlichsten Spitze des Maindreiecks gewachsen, er ist ein Silvaner, ein klassischer Vertreter der zweiten Hauptsorte Frankens. Silvaner-Weine sind keine vordergründigen Blender, sie sind mehr auf Langzeitwirkung ausgelegt.
Der Name »Pfaffensteig« sagt uns, daß die Weinbergslage in enger Beziehung zum geistlichen Beruf steht – und wie sagt doch der Volksmund:

»Doch was die Pfaffen trinken und auch Nonnen,
ist ein Vorgeschmack der Himmelswonnen.«

So bescheiden sich dieser Wein auch geben mag – Sie werden trotzdem eine kostbare Nachlese neuer Eindrücke bekommen; denn dieser Spätlesewein zeigt unverkennbar jene charakteristischen Züge seiner Heimat, die diese Weine aus dem Allgemein-Niveau herausheben.
Am augenfälligsten ist der ungeheuer gehaltvolle Körper, der Details erst bei genauer Verkostung erkennen läßt; hier zerfließt nichts – alles ist Einheit.
Dies ist ein Wein, der nicht für Weinsäuglinge geeignet ist, sondern für gewiefte Kenner!

5. 1976er Wipfelder Zehntgraf
Kerner, Spätlese
A.P.Nr.: 4000-053-77
Frankenweinmedaille in Gold
Gebietswinzergenossenschaft Franken

Gesamtalkohol: 96,0, Restzucker: 14,7, Gesamtsäure: 6,1 (jeweils Gramm im Liter)

Da der Mensch faustisch immer zu neuem Erleben drängt,
wurde Ihnen jetzt die Nummer 5 eingeschenkt.

Die Rebsorte »Kerner« ist ein Kreuzungsprodukt der beiden Eltern Trollinger × Riesling; der Weinsberger Dichterarzt Justinus Kerner stand bei der Namensgebung Pate. Die Mutter üppig und dunkel, der Vater blond und hochgewachsen.
Die Heißblütigkeit der Mutter schlägt in der fülligen Süße durch; während der Vater Festigkeit in der Säure und dadurch Pikanz verleiht.
Der Wein vom Muschelkalk bzw. Lettenkeuper schmeckt herb-steinig, und sein Feuer holt er aus den Steinen, die für die Nacht die Wärme speichern und sie dem Weinstock liefern.

Kernerweine sind zur Zeit noch eine Rarität.
Sie haben ein leichtes Muskataroma, einen schlanken, grazilen Körper und eine pikante Fruchtsäure. Dieser Wein ist ein würdiger Vertreter der Sorte und der Mainschleife, wo ein Drittel der fränkischen Reben stehen.
Bei einem solchen Wein geht die Zunge auf Stelzen.
Der Duft ist ein raffiniert ausgebreiteter Vorspann. Und beim Verkosten ist das Zusammenspiel von muskatähnlichem Bouquet, grazilem Körper, üppiger Süße und milder Säure von nachhaltigem Eindruck.

6. 1976er Würzburger Innere Leiste
Riesling, Spätlese
A.P.Nr.: 3001-053-77
Bayerische Landesanstalt für Weinbau und Gartenbau

Gesamtalkohol: 101,8, Restzucker: 18,4, Gesamtsäure: 7,1 (jeweils Gramm im Liter)

Dieser Spätlesewein aus dem schon heute legendären Sonnenjahrgang 1976 ist gewachsene Weinqualität. Seien Sie nachsichtig, wenn bei einem solchen Wein Ihr Nachbar ein verzücktes Weinprobenmienenspiel zeigt. Mephisto sagt:

»Du siehst mit diesem Trank im Leibe,
bald Helenen in jedem Weibe.«

Dieser Wein strapaziert nicht, er liebkost. Es ist ein Alleinunterhalter. Es ist ein Ausbund an Bukett, Fülle, Finesse und Nachhaltigkeit, ein brillanter Wein mit Alterscharm und zugleich jungmännlicher Vitalität; er läßt der freien Phantasie die Zügel schießen.
Wer bei einem solchen Wein trunken wird, dem sei im voraus ein Weinsündenablaß gewährt.
1704 pries der Würzburger Stubenmeister des Ratskellers den Steinwein als die Quintessenz (Auszug) vom Europäer Wein.
Darf ich anstelle eigener Worte Kurt Tucholsky sprechen lassen:

»Wir hätten sollen nicht soviel Steinwein trinken. Aber das ist schwer. So etwas von Reinheit, von klarer Kraft, von aufgesammelter Sonne und sonnengetränkter Erde war noch nicht da ...
Als wir das erste Glas getrunken hatten, wurden wir ganz still ... ein 21er, tief wie ein Glockenton, das ganz große Glück.«

7. **1976er Karlstädter Roßtal**
Bacchus, Kabinett
A.P.Nr.: 2006-002-77
Frankenweinmedaille in Silber
Bernhard Tölle, Weinbau, Karlstadt

Gesamtalkohol: 93,1, Restzucker: 14,2, Gesamtsäure: 5,3 (jeweils Gramm im Liter)

Sie verkosten nach diesem Ausnahme-Wein mit der Nr. 6 einen Prädikatswein Kabinett von der Sorte Bacchus, die eine Züchtung aus Riesling × Silvaner × Müller-Thurgau ist.
Sie sehen, der Frankenwein hat eine Blume von vielen, aber zarten Farben. Der Wein ist köstlich, sehr subtil, nicht schwer, aber von Art, Spiel und Charakter.
Der Wein macht uns verwandt, im Geist.
Da ich die Medaille nicht verraten darf, welche die Weine bei den verschiedensten Prämierungen erhalten haben, möchte ich Ihnen aber wenigstens einen Spruch zurufen, der vielleicht auch manchmal beim Wein paßt:

Je preiser einer gekrönt wird,
desto durcher fällt er!

8. **1976er Hammelburger Trautlesthal**
Ortega, Kabinett
A.P.Nr.: 3001-069-77
Bayerische Landesanstalt für Weinbau und Gartenbau

Gesamtalkohol: 87,9, Restzucker: 3,1, Gesamtsäure: 4,8 (jeweils Gramm im Liter)

Die Sorte ist ein Wein unserer heutigen Zeit. Sie ist benannt nach dem spanischen Kulturphilosophen Ortega y Gasset, der einmal gesagt hat:

»Lange, bevor der Wein ein Verwaltungsobjekt war, war er ein Gott.«

Viel gelobt und viel gescholten ist diese frühreife Rebsorte, die in Hammelburg gewachsen ist.
Es ist wirklich ein feiner Tropfen in unserem Glase, voller barocker Formen. Man glaubt, neben allen edlen und vollreifen Weininhaltstoffen, den herben Ruch der Eichenwälder, die Würze der Weizen-

felder und Wiesengründe, all dies vom fächelnden Wind in die Rebzeilen getragen, herauszuschmecken. Man glaubt, daß das Gold der Ostsee, der Bernstein, im Wein aufgelöst sei, so blinkt dieser Hammelburger im Glase.
Sie sollen heute abend den Frankenwein noch besser kennenlernen. 6000 Winzerfamilien sind auf Ihr Urteil gespannt.
Sie werden hoffentlich mir bestätigen können, daß die Verwaltung und Frankenwein einig sind in dem Streben nach besonderer Qualität.
Das Leben ist viel zu kurz, um schlechten Wein zu trinken! Wenn wir nun neun Weine aus der reichen Palette fränkischer Spezialitäten verkosten, so wollen wir die Worte des Apostels beherzigen: Prüfet alles, und das Beste behaltet!
Jedermann achte auf sein Maß; denn vom Wein darf man wohl trunken, aber nicht betrunken sein, und – der Wein schmeckt runterwärts besser als raufwärts.

9. 1975er Saalecker Schloßberg
Traminer, Kabinett
A.P.Nr.: 6000-021-76
Städt. Weingut und Weinkellerei, Schloß Saaleck-Hammelburg

Gesamtalkohol: 94,1, Restzucker: 10,6, Gesamtsäure: 5,5 (jeweils Gramm im Liter)

Die heutige Probe klingt aus mit einem zart duftenden, beinahe femininen Traminer des Saaletals.
Voltaire sagte einmal über einen ähnlichen Wein:

»Er besitzt Stärke und Süße, die einem neue Lebenskraft verleihen. Er macht jede Zeile des Gehirns rege und entfacht ein blendendes Feuerwerk des sprühenden Geistes und des Frohsinns aus der Tiefe der Seele.«

Ganz sacht erwärmt, erweitert und entfaltet der Wein unsere Persönlichkeit; er belebt unsere Erinnerung, regt unsere Phantasie an.
Die Seele eines ganzen Jahres kann man beim Weintrinken aufnehmen.

Schlußwort:

Greift zum Becher und laßt das Schelten!
Die Welt ist blind...
Sie frägt, was die Menschen gelten,
Nicht was sie sind.
Uns aber laßt zechen ... und krönen
Mit Laubgewind
Die Stirnen, die noch dem Schönen ergeben sind!
Doch bei Posaunenstößen, die eitel Wind,
Laßt uns lachen über Größen, die keine sind.

(Heinrich Leuthold, 1850)

Beispiel einer Weinprobenansage

anläßlich des Empfangs zum 65. Geburtstag von Herrn Redakteur Richard Glaab am 16. Januar 1980 im Gartenpavillon des Juliusspitals Würzburg

Daß der Wein die Menschen verbindet, den Geist beflügelt, das Gemüt erhebt und den Körper kräftigt, das ist bewiesen.
Viele Menschen durften diese Eigenschaften schon selbst erfahren oder an anderen beobachten.
Die geistreichen Zecher aller Zeiten haben das Hohelied vom Wein wortgewandt zu singen gewußt. Der Wein war für viele die Triebfeder beglückender Gedankenflüge.
Da also der Wein biblisch, poetisch und medizinisch sanktioniert ist, will ich reinen Gewissens und aus kritischer Distanz auch ihn heute in der Probenansage loben.
Das Loblied des Frankenweins hat viele Strophen; eine davon könnte folgendermaßen lauten:

Spritzig, blumig, saftig, fruchtig,
süffig, lieblich, kräftig, wuchtig,
vollreif, jung, harmonisch, rund,
artig, rassig, feurig und
erdig, würzig, elegant,
kernig, körperreich, pikant,
edle Süße, mild und zart,
feine Säure, reife Art,
fordernd, duftig, frisch und rein –
all das kann der Wein euch sein. (Rudi vom Endt)

Spricht hier auch nicht hochgelehrt
Ein Profesor vom Katheder,
Findet doch wahrscheinlich jeder,
Der den Rebensaft verehrt,
Etwas, was sein Wissen mehrt
Und was er sehr gern erfährt!

Was wir hier als Weisheit keltern,
Stammt ja nicht aus Folianten,
Sondern mehr aus den bekannten
Dichbauchigen Glasbehältern,
Die schon unsere Urgroßeltern
Kurz und treffend Bocksbeutel nannten.

Liebe zu den edlen Gewächsen
Von besonnten Rebenhügeln
Mußte uns den Geist beflügeln;
Denn ein lehrhaft weises Klügeln
Von Geboten und Gesetzen
Kann den Weinfreund nicht ergötzen.

Liebe zu dem Frankenwein,
Aber Liebe mit Verständnis
Und mit Sach- und Zungenkenntnis
Zu erwecken, zu betreu'n,
Soll der Zweck der Ansage sein!

(Frei nach unbekanntem Verfasser)

1978er Iphöfer Kronsberg
Müller-Thurgau, Kabinett
Qualitätswein mit Prädikat
Bronzemedaille der Fränkischen Weinprämierung
Weingut Hans Wirsching, Iphofen

Nach dem Vortrunk von der gleichen Rebsorte aus dem Muschelkalk-Bereich, verkosten wir als ersten Wein einen Prädikatswein vom Steigerwald in seiner typischen Art. Gereift und doch zugleich lebhaft frisch ist der Sinneseindruck.
Das Unentdeckte im Wein – also sein tiefes Innenleben – wollen wir bei einer Weinprobe gleichermaßen ergründen, wie wir Bekanntes nicht missen wollen. Es freut uns, wenn auch der Nachbar dem eigenen Geschmackseindruck nahe kommt. Wir werden in den nächsten Stunden das tiefe Innenleben der Weine unserer Heimat kennenlernen und uns von der großen Leistungsfähigkeit unserer viel beglückten und auch oft gebeutelten Weinstöcke begeistern lassen.
Wir werden der Mühsal der Winzer begegnen und zugleich den Segen von oben spüren.
Proben Sie die heutigen Weine im Sinne von Theodor Heuss:

»Wer den Wein mit Andacht trinkt, der betet; wer's nicht so tut, der säuft!«

Unser Geburtstagskind trinkt den Wein mit Andacht, deshalb und aus vielen anderen Gründen:

ein Hoch auf ihn!

Noch keiner starb in der Jugend, der bis zum Alter gezecht!

1977er Eibelstadter Kapellenberg
Bacchus Kabinett
Qualitätswein mit Prädikat
Bronzemedaille der Fränkischen Weinprämierung
Weingut Schloß Sommerhausen, Steinmann & Flach

Der zweite Prädikatswein unserer Probe ist auf silbergrauem Muschelkalkverwitterungsboden gewachsen. Obwohl die Sorte Bacchus bereits 50 Jahre alt ist, hat sie erst vor wenigen Jahren ihre amtliche Einsegnung erhalten. Sie ist in der Lage, bei vernünftiger Standortwahl und Kultur, praktisch in jedem Jahr prädikatsgeeignete Weine hervorzubringen. Das Bouquet kann manchmal etwas stramm und der Korpus etwas rauh und ungeschliffen sein. Hier hilft dann meist geduldiges Flaschenlager, um die Ruppigkeiten abzuschleifen, ganz nach der Erkenntnis von Goethe, der meinte:

»Wenn sich der Most auch noch so absurd gebärdet,
es gibt zum Schluß doch noch einen guten Wein.«

Oder mit anderen Worten:

Das wird kein ganzer Kerl,
der nie ein Rüpel war.

So wie alles bei einer Weinprobe »weingerecht« sein muß, so muß der Trinkende auch »weingerecht« sein. Kälte tötet Duft und Geschmack des Weines; Gefühlskälte des Probierenden läßt echtes Weinerlebnis nicht zu. Der Wein muß klar sein; und klar müssen auch die Sinne des Verkosters sein, damit ungetrübter Weingenuß möglich ist.
Eine Weinprobe ist keine Stätte bacchantisch trunkener Ausgelassenheit und ermangelt auch der Liederlichkeit wie von saftlosen Asketen oder zänkischen Weibern immer wieder lauthals geargwöhnt wird.
Derweil wir den Wein proben, erprobt uns der Wein.

Trinken wir auf alle Geläuterten!

Der Wein ist der Schlüssel zu manchem Herzen.

1977er Thüngersheimer Johannisberg
Traminer, Kabinett
Qualitätswein mit Prädikat
Goldmedaille der Fränkischen Weinprämierung
Winzergenossenschaft Thüngersheim eG

So wie dieser Traminer duftet, so stelle ich mir die Luft im Paradies vor. Die verführerische Blume der Traminertraube ist hier meisterhaft herausgearbeitet. Das Pittoreske der ätherischen Öle wird hier von einem drahtigen Körper mit feinnervigem Säurespiel (an sich bei einem Traminer selten beobachtete Eigenschaften) unterstützt.
Wir sprechen von einem ausdrucksstarken Wein, im Bewußtsein, daß wir dies verbal gar nicht ausreichend beschreiben können, was wir empfinden; denn unsere Sprache ist in ihren Ausdrucksmöglichkeiten – obwohl wir rund 225 Begriffe kennen – arm gegenüber dem Reichtum an Varianten von Duft und Geschmack, die uns ein solcher Wein zu schenken vermag. Man sagt, soundsoviel Grad Öchsle wog dieser Wein und trifft damit eine Qualitätsaussage, doch das Geheimnis des Geistigen, seines Duftes, seiner Würze, seines Geschmacks, läßt sich mit der Mostwaage nicht wägen, sowenig wie eines Menschen innerer Entwicklungsvorgang.

Nicht Kunst und Wissenschaft allein,
Geduld will bei dem Werke sein.
Ein stiller Geist ist jahrelang geschäftig,
Die Zeit erst macht die feine Gärung kräftig.

(J. W. v. Goethe)

Trinken wir auf alle gut Entwickelten!

Wein ist der Poeten heiliger Geist. (Volksspruch)

1976er Escherndorfer Lump
Riesling, Spätlese trocken
Qualitätswein mit Prädikat
Goldmedaille der Fränkischen Weinprämierung
Gebietswinzergenossenschaft Franken eG Repperndorf

Als beglückenden Kontrapunkt verkosten wir einen exzeptionellen trockenen Riesling von außerordentlicher Feinfruchtigkeit, erquikkender Natürlichkeit, vorzüglicher Prägung und Ausformung. Ob-

wohl wir wissen, daß die Lage Lump schon lange zum Weinadel gehört, genau wie die Rebsorte Riesling, und wir also große Leistungen erwarten können, sind wir doch wieder einmal mehr von diesem Wein begeistert (Noblesse oblige).
Diesen Wein widme ich einem großartigen Manne, der in dem hervorragenden Weinjahr 1915 im Zeichen des Steinbocks geboren wurde. Der trockene, heiße Sommer brachte nicht nur einen vollen Traubenertrag bei sehr guter Qualität, er schaffte auch jene »Nestwärme«, ohne die ein Säugling nicht gedeihen kann.
Im Zeichen des Steinbocks Geborene begegnen dem Leben wie dem Wein mit Skepsis – eine gute Voraussetzung für den Beruf des Weinjournalisten – auch als Weintrinker loben sie nicht ohne eingehende Ergründung den Wein, das kann so weit gehen, daß das endgültige Urteil erst am Morgen nach dem Konsum gefällt wird (eine löbliche Tugend, auch die Bekömmlichkeit in die Gesamtbeurteilung einzuschließen).
Der allzu fröhliche, ausschweifende Umtrunk reizt den Steinbock-Menschen nicht, viel lieber unterhält er sich mit dem Wein allein, ungestört und auf nachdrücklichen Zutrunk verzichtend. Obwohl sein Wesen auch starke diesseitige Züge trägt, das nach Anerkennung strebend seine Umgebung zu gestalten vermag, überwiegt die beharrende, konservative Ader.
Steinböcke lehnen Modeweine ab, ihr Hang zum Verläßlichen zwingt sie dazu. Der Wein ist ihnen ein vertrauter Freund – mit ihm besiegen sie die Schwierigkeiten des Lebens. Sie begegnen ihm mit Bedacht, nobler Würde und innerer Sammlung und können darum »weingerecht« geheißen werden.

Unser verehrter Jubilar darf als das wache »Weingewissen Frankens« bezeichnet werden! (Hans-Jörg Koch, Immerwährender Weinkalender).

Durch ein saures Weib sind schon mehr Männer zu Säufern geworden, als durch den süßesten Wein. (Volksweisheit)

1971er Nordheimer Vögelein
Müller-Thurgau, Spätlese
Qualitätswein mit Prädikat
Goldmedaille der Fränkischen Weinprämierung
Winzergenossenschaft Nordheim eG

Aus dem bereits legendären Sonnenjahrgang 1971 verkosten wir wiederum einen Wein der Mainschleife. Die Seele des ganzen Aus-

nahme-Jahres kann man aus diesem Wein herausschmecken. Hier verstehen wir den Ausspruch der Schweizer, die den Wein als »flüssige Sonne« bezeichnen. Erstaunlich ist die angenehme Frische dieses Weines; er hat sich ausgezeichnet vital erhalten. (Er hat sich besser gehalten als mancher von uns.) Seien Sie nachsichtig, wenn Ihr Nachbar etwas nachdenklich wird. Viele von uns werden etwas innehalten und geistige Zwiesprache mit dem Wein führen wollen.
Dem Weinstock muß der Winzer ein guter Liebhaber, dem Wein im Faß ein guter Vater sein. Nur dann entsteht ein Wesen, das, wie dieser Wein, in höchstem Maße präsentabel ist. Dem Charme dieses Weines werden nur »Eisberge« widerstehen können. Er hat dies, was die Frauen an den Männern so lieben: graue Schläfen und noch jungmännliche Vitalität.

Trinken wir auf alles, was charmant und liebenswert ist!

Der Wein wirkt stärkend auf den Geisteszustand, den er vorfindet;
er macht die Dummen dümmer, die Klugen klüger;
er steigt immer in die schwächsten Körperstellen:
beim einen sind es die Knie, beim anderen das Hirn.

1976er Randersackerer Sonnenstuhl
Silvaner, Spätlese
Qualitätswein mit Prädikat
Silbermedaille der Fränkischen Weinprämierung
Großer Preis der DLG
Winzergenossenschaft Randersacker eG

Mit diesem vornehmen Silvaner verkosten wir einen Spätlese-Wein, dessen Weininhaltsstoffe wie ein fein abgestimmtes Symphonieorchester zusammenharmonisieren. Hier zerfließt nichts – alles ist Einheit. Armin Knab, ein Sohn Frankens, hat einmal einen solchen Wein folgendermaßen beschrieben:

»Erdig, reicher, starker Duft, sublimer Frankengeist.«

Ja, das sublime, also das erhabene, feine, das nur geläutertem Verständnis oder Empfinden zugängliche Wesen ist es, was den Frankenweincharakter positiv abhebt. Der Silvaner ist kein revolutionärer Neuerer – er verkörpert vielmehr über 350jährige fränkische Weinart. Er buhlt nicht um die Gunst ausgefallener Geschmacksrichtungen – er ist auf solide Langzeitwirkung eingestellt. Der Silvaner mit seiner ruhigen Massigkeit (oder Mächtigkeit), stellt einen wohltuenden Kontrast und eine solide Plattform gegenüber allzu marktschreierischen und vordergründigen neuen Sorten dar.

Ein Hoch dem opulenten Silvaner!

Schafft ihr neuen Wein, so wollen wir euch loben,
doch schenkt nicht allzu kleine Proben;
denn wenn ich judizieren (richten) soll,
verlang' ich auch das Maul recht voll. (Goethe)

1976er Sommeracher Katzenkopf
Scheurebe, Spätlese
Qualitätswein mit Prädikat
Goldmedaille der Fränkischen Weinprämierung
Winzergenossenschaft Sommerach eG

Wir eilen mit diesem Wein wieder zurück an die Mainschleife und lassen uns bezaubern von einem Wonnesaft der Scheurebe. Die Duftkomponenten dieses Seltenheitsweines sind faszinierend und attraktiv zugleich. Seine beinahe überschwappenden Weininhaltsstoffe zeugen von der Leistungsfähigkeit dieser Sorte. Hier paßt alles zusammen: standortgerechter Anbau, hervorragende Witterung und pflegliche Behandlung. Aber am meisten freuen sich Winzer, Kellermeister und Wein darüber, daß ein würdiges Publikum ihn trinkt.
Durch uns erlangt also dieser Freudenspender seine höchste Wertschätzung.
Dieser Wein ist das beste Frostschutzmittel für unsere Seele. Die heute hier anwesenden Behördenvertreter werden sicherlich diese Kreszenz »auf Wiedervorlage« schreiben.

Wir prosten uns mit diesem Wein herzlich zu in der beruhigenden Erkenntnis, daß kein Wein so gut ist, daß wir ihn nicht trinken könnten!

Der Wein ist wie der Umgang, den er hat.

1976er Würzburger Stein
Riesling, Spätlese
Qualitätswein mit Prädikat
Goldmedaille der Fränkischen Weinprämierung
Bürgerspital-Weingut zum Hl. Geist, Würzburg

Die hehren Heben – die anmutigen Mundschenkinnen – haben uns jetzt einen exzellenten Stein Riesling eingeschenkt. Vom Weine beschwingt, versuche ich trotzdem, dieser kennerisch ausgewählten Spätlese vom Bürgerspital gerecht zu werden und mein Weinerlebnis in Worte umzusetzen. Beachten wir die faszinierende Mannigfaltigkeit des Bouquets wie auch des Körpers. Von diesem Weinbouquet – das er Spaniolgeschmack nannte, hat sich schon König Ludwig I. begeistern lassen.
Heilig-Geist-Wein heißt er, wer ihn mißbraucht, den schmeißt er.
Es wohnt ein guter Geist in diesem Wein.
Guter Wein will durchschaut sein, geschnüffelt, geschlürft, gekaut, genossen und gelobt werden, nur so zeigt er, was er in sich hat.

Man sollte die großen Weine und auch die großen Zecher eines Jahrhunderts kennen, damit man weiß, was ein Zeitalter wert ist. (Alter Spruch)

Trinken wir diesen edlen Riesling und seien wir gut wie er!

O Wonnesaft der edlen Reben!
O Gegengift für jede Pein! (Ernst Moritz Arndt)

1976er Hörsteiner Abtsberg
Rieslaner, Spätlese
Qualitätswein mit Prädikat
Goldmedaille der Fränkischen Weinprämierung
Bayerische Landesanstalt für Weinbau und Gartenbau, Würzburg

Das nach Heimaterde duftende Frankenland beschenkt uns in seiner Vielfältigkeit einen Rieslaner vom Freigericht, der schön ist wie Adonis, üppig wie die Venus, in Feuergluten tätig wie ein Vulkan, anmutig wie die Grazien, stark wie Herkules, verführerisch wie der Gesang der Sirenen für Odysseus und selbstbewußt wie Helmut Schmidt sowie Franz Josef Strauß. Es ist ein Jammer, daß ein unglückseliger Stern diese Sorte Rieslaner verfolgt hat, so daß die Verbreitung in

Franken gestoppt wurde; denn mit den hochwertigen Weinen dieser Sorte wären wir absolute Spitze, zumal der Riesling bei uns ebenfalls wenig verbreitet ist.

Hier paßt das Sprichwort:

»Wer tiefer irrt, der wird auch tiefer weise.«

Gott gebe allen Menschen
Ein Streben nach Wahrheit,
Dann bleibt dem Weine
Die Echtheit und Klarheit. (Viktor v. Scheffel)

Als Mittel der Erquickung, der Befeuerung und Steigerung, der Korrektion (Verbesserung) und Ausgleichung und als Schutz gegen vorübergehende Störungen wird der Wein von keinem Erzeugnis der Natur und Kunst übertroffen.
(Justus v. Liebig)

Lassen wir uns deshalb die mahnenden Worte des Kirchenlehrers Thomas von Aquin zu Herzen gehen, der sagt:

»Wer sich mit Wissen so sehr des Weines enthielte,
daß er dadurch seine Natur sehr beschwerte,
der wäre nicht ohne Schuld.«

Trinken wir auf alle »unschuldigen« Weingrünen!

Was hat der für ein Leben, der des Weines entbehrt?

1975er Sommerhäuser Ölspiel
Kerner, Auslese
Qualitätswein mit Prädikat
Goldmedaille der Fränkischen Weinprämierung
Weingut Ernst Gebhardt, Sommerhausen

Aus den hitzigen und zugleich ungemein fruchtbaren Lagen Sommerhausens degustieren wir nun eine hochmoderne Auslese von einer modernen Rebsorte, aus einem Jahrgang, dessen besondere Qualität erst jetzt uns so richtig bewußt wird. Dieser grazile, delikate Wein zeigt aber auch die Problematik auf, die die allüberall angebauten neuen Sorten mit sich bringen.
Im Gegensatz zu einer Silvaner-Auslese ist der Körper dieses Weines eher schlank zu nennen. Gleichwohl werden diese ranken Kerner-

Auslesen auf Bundesebene hoch dekoriert; sie entsprechen offensichtlich eher dem Zeitgeschmack als üppige Auslesen.
Aber in allem ist Abwechslung angenehm, Vielfalt ergötzt, und beim Wein müssen halt auch immer neue Erkenntnisse gesammelt werden. – Beständig ist nur der Wandel!
Und die Wissenschaft vom Rebensaft, die hat noch keiner ausgelernt.

Genießen wir diesen Kerner, denn wer nicht genießen kann, wird ungenießbar.

Auf, auf, lernt diese Welt erkennen,
des Lebens tiefste Weisheit liegt im Wein. (Goethe)

1971er Rödelseer Küchenmeister
Silvaner, Auslese
Qualitätswein mit Prädikat
Großer Preis der Bundesweinprämierung
Goldmedaille der Fränkischen Weinprämierung
Gebietswinzergenossenschaft Franken eG Repperndorf

Aus dem Jahrtausend-Jahrgang 1971 – wie Ferdinand Heß diesen Weinjahrgang deklarierte – nehmen wir mit wachen Sinnen diesen Stoff gewordenen Lobgesang in uns auf. Dem gelagerten Wein entwöhnten Publikum sei gesagt, diese Weine erheischen mehr als flüchtige Verkostung.
Topasfarben flammt und glüht er im Glase. Die Edelfirne zeigt jene liebenswerte Fortentwicklung des Bouquets, wie dies großen Weinen zu eigen ist. Der ehemals pausbäckige und wohlbeleibte Körper hat dem Wein ein vorzeitiges Auseinanderbrechen der Weininhaltstoffe erspart, so daß er sich auch heute noch in reicher Vielgestaltigkeit und Strahlkraft präsentiert.

Wie sagt der Kellermeister vom Kloster Engelberg?

»Möge der Heilige Geist Ihnen jene Gaben verleihen, die nötig sind, um die Qualität dieses Weines zu erkennen.«

Allerdings:

Sauertöpfe, Zänker, Drachen
kann auch dieser Wein nicht selig machen.
Der Pessimist sagt zum Leben: Nein!
Der Realist sagt zum leben: Ja!
Der Optimist sagt: Prost!

Weinfreunde hört!
Ein großer Wein
Will sinnend zelebrieret sein!
Er will uns tausend Dinge schenken;
Vor allem dies – er lehrt uns denken. (Ado Kraemer)

1967er Iphöfer Kammer
Silvaner, Beerenauslese
Großer Preis der Bundesweinprämierung
Goldmedaille der Fränkischen Weinprämierung
Juliusspital-Weingut Würzburg

Große Anlässe werden mit großen Weinen gekrönt. Diese Beerenauslese erreicht jenen Grad von Köstlichkeit, wo Erläuterungen nur noch dürres Wortgeklingel sein können. Das Auge kommt von der faszinierenden Bernsteinfarbe nicht los. Der Duft ist in seiner edelbeerigen Reife und Vielfalt berückend. Der Körper zeigt jene reife Opulenz, als ob Raffael und Rubens bei der Ausformung mitgewirkt hätten; mit absoluter Meisterschaft wurden natürliche Überreife und Fülle erhalten, so daß jede Einzelheit voll befriedigt und zugleich neue Hoffnungen und neues Begehren wachsen läßt, die aber prompt wunschgemäß erfüllt werden. Hier zerfließt nichts – alles wird Einheit!
Der essentielle Gehalt dieses exzeptionellen Weines ist einfach makellos.
Reicht mir diesen gravitätischen Edelwein aus Iphofen, damit ich mit dem Nürnberger Meistersinger sprechen kann:

»Mit deinem gesunden, heilsamen Tropfen
Kannst du mir alle meine Trauer verstopfen.«

Auch die Trauer darüber, daß diese Geburtstags-Weinprobe nun zu Ende ist.

Und den letzten Becher, Brüder,
Eh' wir hier verlassen stehn,
Und den letzten Klang der Lieder
Auf ein frohes Wiedersehn. (Joseph von Eichendorff)

Es lebe das Geburtstagskind – Heil und Segen für unsere fränkischen Winzer und dem Haus, in dem wir uns befinden!

Trinkweisheiten

Im Weinberg pflegt des Winzers Hand
den Weinstock weise mit Verstand.
Am Rebstock wächst nicht fert'ger Wein;
der will im Fach geboren sein.

Die *Gärung* wandelt Most in Wein,
schafft Freude uns aus Sonnenschein.

Der *Alkohol* – sein Lob soll klingen –
verleiht dem Wein die kühnen Schwingen.
Der *Abstich* trennt von Trub das Gold,
sobald die Gärung ausgetollt.

Charakter muß der Wein stets haben,
soll Zunge er und Gaumen laben.
Die *Blume* ist im Weine das,
was unsrer Nase macht viel Spaß.

Bukett ist alles, was da drinnen
umschmeichelt Nase, Mund und Sinnen.
Wer häufig *probt,* wird bald entdecken,
wie mannigfach die Weine schmecken.

Im Wein ist *Harmonie* der Gipfel,
ist wie ein zarter Himmelszipfel.

Ein guter *Trunk* ist nie verpönt,
der Wein macht fröhlich und versöhnt.

Wer Gäste sich zum Weine lädt,
acht' klug auf beider *Qualität.*

Unmäßig trinken ist nicht zünftig,
drum trinke jeden Wein vernünftig.

Gesundheit uns im Weine blinkt,
die auf der Freunde Wohl man trinkt.

(Verfasser unbekannt)

Wenn die Weine reden könnten, so würden sie ausrufen:
»Diener Gottes, trinkt uns,
damit wir nicht,
dem Leibe der Gottlosen einverleibt,
dereinst mit diesen in die Hölle fahren.«

(Argument der Mönche)

Aus dem Feuerquell des Weines,
Aus dem Zaubergrund des Bechers
Sprudelt Gift und süße Labung,
Sprudelt Schönes und Gemeines,
Nach dem eigenen Wert des Zechers,
Nach des Trinkenden Begabung;
Denn es gleicht der Wein dem Regen,
Der im Schmutze selbst zu Schmutz wird,
Doch auf gutem Acker Segen
Bringt und jedermann zu Nutz wird.

(Friedrich von Dodenstedt, Mirza Schaffy)

Wein trinkt man nicht nur,
man riecht ihn,
man betrachtet ihn,
man schmeckt ihn,
man schlürft ihn und
man spricht über ihn.«

(König Edward VII.)

Trinkt einer Wein nur mit der Kehle,
Kommt er ihm nie ganz auf den Grund,
Denn alle Schönheit seiner Seele
Tut Dir der Duft der Blume kund.
Und diese schlürft ein alter Knabe
Von Weingenießer mit der Nase.

Und auch das Auge soll beim Trinken
Genießerisch beteiligt sein.
Siehst Du den Wein klar goldig blinken
Geht er Dir doppelt lieblich ein.
Und an dem zarten Farbenton
erkennst Du seine Heimat schon.

Der Tastsinn soll sich auch betät'gen
Denn Deine Fingerspitze spürt,
Ob Kellner oder Hebemädchen
Den Trank auch richtig temperiert.
Schnell schwindet Schönheit und Gestalt,
Wenn er zu warm, wenn er zu kalt.

Mit allen fünf Dir eignen Sinnen
Genieß bedächtig Schluck um Schluck;
Denn auch Dein Ohr wird Lust gewinnen,
lauscht es dem zärtlichen Gluck-Gluck.
Wein ist ein ganz besondrer Saft,
Der Kennern vielfach Freude schafft.

(Verfasser unbekannt)

Zum Schluß ein Appell an die »Weingerechtigkeit«

Wer früh und spät dem Trunke frönt
Mit blauer Nas' und roten Augen,
Wer Zung' und Gaumen frech verhöhnt
Und Weine sauft, die gar nicht taugen,
Wem nur die Menge Hauptsach' ist,
Die er verständnislos vertrinkt,
Wer sinnlos oft betrunken ist
Und dann in tiefen Schlaf versinkt,
Mit Wasser guten Wein verdirbt
Und Essigsäure hält für Wein
Ist wert, daß er im Rinnstein stirbt!
Ein Säufer ist's – pfui, wie gemein!

Doch wer beim Trinken mäßig ist,
Mag ihn auch Purpurröte schmücken,
Wer Kenner alter Weine ist,
Der Edelzecher höchst Entzücken,
Wer jeder Flasche Ursprung kennt,
die namenlos man setzt ihm vor,
Wer auch den Jahrgang richtig nennt,
Den Sonnenschein einst bracht hervor,
Die Gottesgabe weiß zu schätzen,
Sich mal betrinkt so recht und schlecht;
zu dem will ich mich gerne setzen,
Den Trinker nenn' ich – weingerecht.

(O. Meyer-Elbing)

Inhaltsverzeichnis

Kabinett

Offizielles Prüfglas der Deutschen Landwirtschafts-Gesellschaft (DLG), das für ihre jährliche Bundesweinprämierung und ihren Kommissionen zur Verleihung des Deutschen Weinsiegels verwendet wird. Weiterhin hat dieses Probenglas bei der amtlichen Qualitätsweinprüfung und sonstigen Fachproben bereits seine Bewährungsprobe bestanden.

Weinprobierglas „Kabinett"

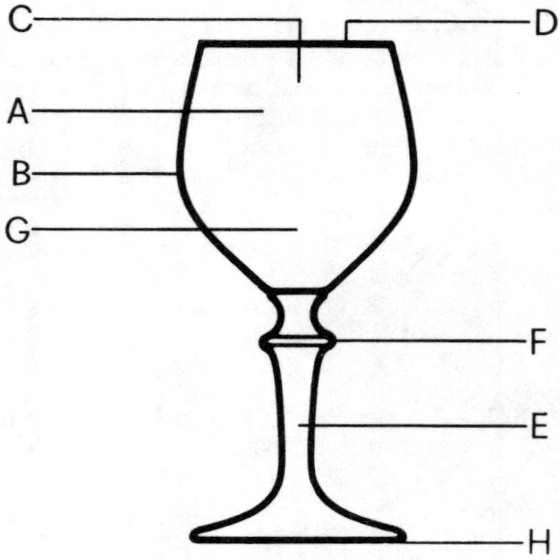

Ein Wein, aus unterschiedlich geformten Gläsern getrunken, schmeckt unterschiedlich. Die Form des Glases beeinflußt den Geschmack des Weines. Oder „In poculo veritas" (im Glas ist Wahrheit).

So empfiehlt die Deutsche Landwirtschaftsgesellschaft (DLG) für Proben deutscher Weine nur ein ganz bestimmtes Glas. Ein Glas, das diesen Weinen am besten gerecht wird und gleiche Bedingungen gewährt.

Es ist das „Kabinett" von Schott-Zwiesel. Die Prüfer der DLG benutzen es selber, wenn es um die Verleihung des Deutschen Weinsiegels geht.

Warum sieht das offizielle deutsche Weinprobierglas so aus, wie es aussieht?

„Form follows function". Im Vordergrund steht, ein Glas machen, das dem Wein und damit dem Geschmack des Kenners gerecht wird. Daß unsere Designer sich bemühen, auch dem Auge Gutes zu tun, ist selbstverständlich.

A

Die Größe. „Kabinett" ist kleiner als ein normales Weißweinglas. Der Inhalt reicht für zwei, drei Schluck. Die genügen dem erfahrenen Weinkenner, um sein Urteil zu bilden.

B

Die Schulter. So heißt die breiteste Stelle des Glases. Hier ist sie besonders breit. Nur bis zur Schulter eingeschenkt, bildet der Wein die größtmögliche Oberfläche. Denn: je größer die Oberfläche des Weines, desto kräftiger das Bukett. Der erfahrene Genießer regt die Entfaltung des Buketts an, indem er den Wein im Glas kreisen läßt.

C

Der Duftkamin. Hierin steigt das Bukett empor. Nach oben hin verengt er sich. Aus zwei Gründen: der Duft tritt konzentrierter aus dem Glas aus. Und die Verengung unterstützt das Kreisenlassen. Sie kennen das vom Cognac-Schwenker.

D

Der Mundrand. Er hat keinen Wulst. So trifft der Wein direkt auf die geschmacksempfindlichen Stellen der Zunge. Der Wein schmeckt intensiver.

E

Der Stiel. Jeder Wein braucht seine individuelle Temperatur. Deshalb sollte man das Glas nicht am Kelch halten. Die Wärme der Hand würde die Temperatur des Weines ungünstig verändern. Der Stiel ist lang genug zum Anfassen, aber nur so lange, daß der Schwerpunkt des Glases tief liegt.

F

Der Knopf. Knapp unter dem Knopf gefaßt, haben Sie das Glas optimal in der Hand. Der Kelch ist — auch gefüllt — nicht schwerer als Stiel und Fuß.

G

Das Glas. Ein Wein wird nicht zuletzt nach seiner Farbe bewertet. Das Glas ist völlig transparent, farblos und ohne Schlieren und Einschlüsse.

H

Die Bodenplatte sichert hohe Standfestigkeit — auch dann, wenn es einmal hoch hergeht.

Sie sehen, wieviel Überlegungen hinter einem einzigen kleinen Glas stehen. Einem Glas, das eigens zum Probieren deutscher Weine geschaffen wurde.

Beziehen können Sie dieses Glas über das Deutsche Weininstitut oder im Gastronomiegroßhandel.